天 使 百 人 会 系 列 丛 书 5

天使百人会成长印记

中国天使投资人蓄势待发

胡雪琴　倪光南　谭伟东　宋雪莲

乔　迁　刘小鹰　杨培培　｜ 著

電子工業出版社.

Publishing House of Electronics Industry

北京 · BEIJING

内 容 简 介

目前，中关村百人会天使投资联盟（简称"天使百人会"）有 600 多位天使投资人会员，拥有强大的社会影响力。本会立足中关村，面向全国；立足中国，面向全球。

自 2015 年开始，我们决心为中国天使投资人立传，出版"天使百人会成长印记"系列图书。继《天使百人会成长印记：走近中国天使投资人》《天使百人会成长印记：拥抱中国天使投资人》《天使百人会成长印记：读懂中国天使投资人》《天使百人会成长印记：中国天使投资人砥砺奋进》后，现在我们推出第 5 本——《天使百人会成长印记：中国天使投资人蓄势待发》。

2020 年，全球新型冠状病毒肺炎疫情暴发，很多经济体遭受重创，部分社团组织也遭受影响，但天使百人会却逆势上扬，无论是会员人数还是活动质量均创历史新高。

本书记录了 2019 年和 2020 年天使百人会的发展历程，反映了中国天使投资人遭遇突发事件的应对之策和中国天使投资事业的发展路径，希望能对大家有所启迪！

图书在版编目（CIP）数据

天使百人会成长印记.中国天使投资人蓄势待发 / 胡雪琴等著.—北京：电子工业出版社，2021.7

（天使百人会系列丛书）

ISBN 978-7-121-41540-1

Ⅰ.①天… Ⅱ.①胡… Ⅲ.①创业投资 – 中国 Ⅳ.① F832.48

中国版本图书馆 CIP 数据核字（2021）第 137038 号

责任编辑：李树林

印　　刷：中煤（北京）印务有限公司
装　　订：中煤（北京）印务有限公司
出版发行：电子工业出版社
　　　　　北京市海淀区万寿路 173 信箱　　邮编　100036
开　　本：720×1 000　1/16　印张：9.75　字数：156 千字
版　　次：2021 年 7 月第 1 版
印　　次：2021 年 7 月第 1 次印刷
定　　价：68.00 元

凡所购买电子工业出版社图书有缺损问题，请向购买书店调换。若书店售缺，请与本社发行部联系，联系及邮购电话：（010）88254888，88258888。

质量投诉请发邮件至 zlts@phei.com.cn，盗版侵权举报请发邮件至 dbqq@phei.com.cn。

本书咨询联系方式：（010）88254463，lisl@phei.com.cn。

前　言

2020 年注定是不平凡的一年，新型冠状病毒肺炎疫情肆虐全球，中美大国博弈，国内南方洪水泛滥，不确定性凸显，生活越发不易，而现如今，疫情影响仍在持续。

2020 年年初，新型冠状病毒肺炎疫情暴发，武汉封城，线下活动难以开展。

作为一家天使投资社团组织，应该怎么办？

第一，我们立即开展了三大线上主题活动，即"天使百人会让大家认识大家""天使百人会让大家帮助大家""天使百人会让大家提升大家"。其中，"天使百人会让大家认识大家"的活动最受会员们欢迎。

由于天使百人会对会员年龄有要求，所以会员大多是"60 后""70 后"。他们经历过 2003 年传染性非典型肺炎疫情，也经历过人生多条路径选择的挣扎，因此大家特别有共鸣。

在"天使百人会让大家认识大家"的活动中，每个人都敞开心扉，坦诚自己的心路历程。100 多位认证会员的自我介绍的分享，仿佛播放了 100 多部创业大剧，跌宕起伏，精彩纷呈。

有很多会员坦言，疫情期间，无法出行，在家隔离，每天追剧，乐此不疲。

"一杯清茶，一段时光，听一个精彩的人生故事。"——这就是疫情期间，天使百人会认证会员的别样生活。

这样一场因为疫情而意外主办的线上分享活动，让我们真正成为心手相牵的兄弟姐妹。

第二，我们立即向全体会员发出支持武汉抗疫的倡议。

除多家会员企业多次捐资抗疫外，我们的企业家会员纷纷用自己企业的高科技产品或服务支持抗疫；我们的专业投资人会员纷纷带领自己投资的企业参与抗疫；本会合投的硅谷项目 GLF 华裔女性创业者，在美国组织了大批抗疫物资并运回武汉……

天使百人会还与健坤慈善基金会直接发起了捐赠活动。

我们的认证会员积极参与，捐资购买了本会合投企业——北京智行者科技有限公司生产的 3 辆无人驾驶清扫车"蜗小白"，并捐赠给武汉火神山医院，为中国抗疫胜利贡献了一份自己的力量。

在大疫面前，天使百人会展现了一个社团组织的担当与责任，增强了全体会员的凝聚力和向善力。

经历了新型冠状病毒肺炎疫情的肆虐和大国博弈的刀光剑影，中国天使投资人变得更为成熟，也更为稳健。我们必将蓄势待发，继续奋斗，勇往无前！

致　谢

本书共收录 51 篇文章，我本人撰写了 45 篇。另外，本会理事长乔迁先生等 3 位会员撰写了 3 篇，中国工程院院士倪光南先生和中美战略研究院总裁谭伟东博士各撰写了 1 篇，媒体记者宋雪莲女士撰写了 1 篇。具体明细见下表：

序　号	姓　名	文　章　名
1	胡雪琴	《从欧美天使投资实践看中国》等 45 篇
2	倪光南	《中美贸易摩擦之下中国高科技企业的应对》
3	谭伟东	《中美两国关系的未来》
4	宋雪莲	《三问中美贸易摩擦》
5	乔迁	《我们为什么要取名为"天使百人会"》
6	刘小鹰	《AI 投资已经进入深水区》
7	杨培培	《我希望在天使百人会交好朋友，投好项目》

致谢倪光南院士、谭伟东先生、宋雪莲女士、乔迁先生、刘小鹰先生、杨培培女士参与了本书的创作。

致谢中国工信出版集团电子工业出版社首席策划编辑李树林先生为本书的辛勤付出！

致谢天使百人会 13 位发起人！
致谢天使百人会 9+1 位（特别）常务理事！
致谢天使百人会 121 位认证会员！
致谢天使百人会 600 多位会员！

正是因为所有会员的支持、关心和参与，才有了天使百人会逆势飞扬的2020！感谢大家！

天使百人会副理事长兼秘书长

2021 年 3 月 10 日于北京

目　录

1 第 1 章

天使投资大家说

王童说 / 3

　　从欧美天使投资实践看中国 / 4

　　为什么北美创业者不太容易放弃 / 7

　　投资人股东名册列满了整整 5 页纸 / 9

　　70 多岁的天使投资人 / 11

　　100 万元可以融一年 / 12

　　北美创业者要度假 / 13

曲敬东说 / 14

　　为什么现在是天使投资的大好时机 / 15

五位天使投资人说 / 19

　　天使投资机构化是伪命题 / 20

　　我对中国有信心 / 23

27 第 2 章

天使百人会大讲坛

倪光南说 / 29

　　中美贸易摩擦之下中国高科技企业的应对 / 30

倪光南院士为何出席天使百人会 2019 年会 / 35

谭伟东说 / 37

中美两国关系的未来 / 38

熊李力说 / 43

三问中美经贸摩擦 / 44

贺建增说 / 47

中国人的饭碗如何牢牢端在自己手上 / 48

美国式现代农业是个陷阱 / 55

为什么投资农业的人大多会失败 / 56

种子公司为什么卖"断子绝孙"的种子 / 58

乡村学校要办得比北京人大附中还要好 / 59

63 第 3 章

天使百人会家人说

李志胜：企业家投资不会"撒胡椒面" / 64

侯清富：数字货币投资会出现井喷 / 65

刘小鹰：AI 投资已经进入深水区 / 66

陈剑峰：我们要降低预期值，提高满意度 / 67

吕生：企业家投资人可以让创业者少踩一些坑 / 68

刘镜辉：我回归汽车行业，重新创业 / 69

唐传龙：医疗大健康投资迎来黄金期 / 71

李雨龙：我主要投资口腔科的上下游产业 / 72

尹科：我为什么要从 IT 跨界做大健康 / 73

陈冬牛：我家人说，天使百人会是不是骗子 / 75

秦少博：投而优则机构 / 77

王文庆：芯片行业投资将"水深火热" / 78

郭延生：把工作重心从天使投资人转向创业者 / 80

余紫秋：我和天使百人会是"先结婚后恋爱" / 81

庞卓超：意义是个产业 / 82

周洛宏：我们能拿到性价比高的优质项目 / 84

范津涛：西藏之水可以缓解中国的水危机 / 86

肖立杰：过去是游击队，现在是正规军 / 88

孙国富：等到基金规模 50 亿元，我才稍微轻松点 / 89

郭旭升：我们要打造"天使百人会的创业大学" / 91

李美柯：我加入认证群源于 2018 年天使百人会年会 / 92

王宁宁：我希望在天使百人会交好朋友，投好项目 / 94

97 第 4 章

天使投资人的故事

王俭：流金岁月如何首批进入新三板精选层 / 99

周和平：我怎么让天使百人会的旗帜飘扬在珠穆朗玛峰 / 104

107 第 5 章

区域交流

中关村天使投资人走进杭州青山湖 / 109

雄安新区管委会副主任傅首清畅谈：雄安新区"新"在哪 / 115

123 第 6 章

天使百人会是个大家庭

乔迁：我们为什么要取名为"天使百人会" / 125

天使百人会捐赠无人驾驶车"蜗小白"开赴火神山 / 127

当天使投资人遇见天使百人会 / 129

50 期 50 人 / 133

当一对创业父子兵遇见一对天使投资人父子兵 / 137

因为相信，所以看见 / 141

第 1 章

天使投资大家说

天使百人会常务副理事长王童发表主旨演讲

天使百人会投资学院院长曲敬东演讲

王童说

天使百人会常务副理事长，中关村大河资本创始合伙人，北软天使基金创始人，途牛旅行网（TOUR）天使投资人。

1996 年起进入互联网行业，先后在航天部、搜狐公司、博客中国工作；曾经投身于互联网创业，先后创立酷客音乐网、喜乐乐中老年网等，系中国第一代互联网人。

2000 年起进入个人天使投资领域，先后投资了途牛旅行网、麦恩思远、魔方英语等。其中，途牛旅行网于 2014 年在纳斯达克上市。

2013 年起专职进行天使投资、风险投资，至今累计投资超过 150 个早期项目。2014 年开始尝试拓展国际化天使投资，参与组建中加天使联盟（CCAA），先后在加拿大、美国等地累计投资 40 余个早期科技项目，是中关村具有国际化视野的知名天使投资人。

从欧美天使投资实践看中国

天使投资虽然起源于美国，但是在中国也得到了蓬勃发展。

2020 年年初，在"天使百人会 2019 年会暨 7 周年庆典"上，本会常务副理事长、中关村大河资本创始合伙人王童先生分享了欧美与中国的天使投资的文化差异。

中国与欧美的创新生态差异

创新生态有很多主体，不仅有创业者，也有政府、高校科研机构和企业，以及创投服务机构，如孵化器、加速器等，当然还有投资人和天使投资人。

我国政府支持天使投资和创新创业投资，这也是美国一直针对我们所提出的一个挑战，认为中国政府干预市场经济，对很多企业进行补贴等。

但事实上，美国政府对高科技、对创新的补贴一点也不少。我们曾经在美国投资了一个项目，实际上公司规模很小，刚成立两年就拿到了美国国土安全部的一个订单。订单完成后，还获得了额外的 19 万美元奖励。由此可见，各个国家及政府都鼓励和支持创新，这也是我们做天使投资的红利之一。

中国与欧美的创业者差异

对于创业者来讲，中国是从 20 世纪六七十年代贫穷状态迅速发展起来的。现在，企业中的高管，大多经历过物资短缺时代。

我们的心态是匮乏的，害怕物资短缺，比较缺乏安全感。因为我们经历过物资短缺的年代。

我们居安思危，觉得世界资源是有限的，所以特别强调竞争，反而有时忽略了合作。

我没有见过比中华民族更勤奋的民族，欧美创业者完全没有我们勤奋，但是他们进程并不慢，效率非常高。

中国与欧美的天使投资人差异

天使投资在中国发展时间比较短，我们更多地把它看成投资。很多外国人却把它看成一种生活方式，一种社会责任。

我曾经投过一个项目，那些股东都是六七十岁的老人。有位老人说："我已经76岁了，还能看到咱们的项目退出吗？"可能我们会想，都76岁了还做什么天使投资？从个人经济利益得失来说，这确实不值得，但看到年轻人也许能成就一些东西，他们就会投，这就是他们的文化。

我们常讲，做天使投资人，情怀是"标配"，不仅要有喜欢创新的情怀，还要有社会责任感，乐于帮助创业者。国外像天使百人会这类的组织非常多。

我们的天使投资基本都采用股权投资的方式，而国外基本都采用可转债模式，风险更高。第一，虽然这是债，但它是信用债，没有刚性兑付承诺。第二，转股基本上只在 A 轮定价基础上打 8 折。

天使投资面临的挑战和机遇

在过去的几十年里，全球化是世界发展的主流，中国是明显的受益对象。现在大家都转向保守，转向封闭，要把自己的生产链建立起来，这对全球化进程来说是巨大阻碍，对中国也是一个挑战。

经济下行并不可怕，典型的经济周期通常在十年左右，现在经济下行伴随着全球互相封闭和碎片化，有可能会造成一个不太一样的格局，会有新的挑战和变化出现。

人类科技力量已经发展到前所未有的高度，前所未有的科技力量又会带来前所未有的机会。

最有希望的是中国的年轻一代，他们有富足的心态，更能够合作共赢，能够看到更好的未来，能够有更好的三观，他们是中国未来的希望。他们有对更好生活品质、更美好人生意义的追求，这是驱动中国下一个十年甚至二十年发展的强大动力。

为什么北美创业者不太容易放弃

作为一位跨国天使投资人，我在国内投了 200 多个项目，在以色列投了 1 个项目，北美（加拿大和美国）投了 40 多个项目，其中 30 多个在加拿大，5 个在美国。

多相比较，感触最深的就是在北美投资的项目失败率相对较低，创始人不太容易放弃。我们在国内投资的 200 多个项目，大部分退出运营，失败了。但在北美投资的 40 多个项目中，只有 2 个不运营退出了，真正彻底失败的项目比例特别低。有几个项目，我都觉得他们没戏了，但后来又峰回路转。

比如最近有个项目又拿了一笔资金。最开始有 6 个创始人，后来跑了 3 个，到今年，也就是第 4 年，中间几乎没有声息。项目刚开始大概有十来个人，后来裁得几乎没人了，但从去年开始转型，现在又变成 30 多人的规模。

出现这种情况主要有以下两大原因。

第一，国内创业者和北美创业者的创业动机不同。

根据马斯洛的需求层次模型，人依次有五种层次需求：生理、安全、社交、尊重和自我实现。

国内创业者，大部分都是出于安全的需求，这其实是一种外在的压力。由于社会保障体系不是很健全，尤其 20 世纪 80 年代初的第一代创业者，基本上都是因为穷才创业。现在年轻创业者也一样，有四座大山——房子、子女教育、医疗和养老。你要想安全，就必须掌握自己的命运；而掌握自己命运最好的方法就是创业，给别人打工是不安全的。我有很多同学，40 多岁还在外企工作，尤其一些女生，换工作非常困难。

但北美不太一样。因为社会发展水平和社会保障都已经比较完善，他们的创业动机更多是出于社交、尊重或自我实现的需求。比如比尔·盖茨、乔布斯和谷歌（Google）创始人拉里·佩奇，他们家里都不穷，但都选择了创业。这些创业者内驱力足够强，投机性低，即便项目实在做不下去，他们也会出去打工、做兼职以使公司坚持下去。

第二，创业文化不同。

中国有句俗语："胜者为王，败者为寇。"不重视过程，只看重结果。这属于丛林文化法则。

但在北美，结果固然重要，过程也很重要。国外一些大的互联网公司进入中国，有不少公司都铩羽而归，比如雅虎、谷歌、亚马逊等。因为这些公司不适应中国的市场与做法，手法用不到极致。我们做的广告他们做不了，我们推广的方式他们推广不了，我们用人的方式他们也用不了。按他们那套做法，不可能发展得很快，这是文化冲突的缘故。

比如，国内互联网只有第一，没有第二。那些行业第一的公司走别人的路而让别人无路可走。

但在北美，大量的中小企业没有聚集效应，而是像一颗颗"卫星"环绕在一个大公司周围。因为企业发展到一定阶段后，就不会那么激烈地去竞争，而是寻求合作共赢。

所以，并购和收购是北美投资很重要的退出渠道。我们投的40多个项目，起码有四五个是这样退出的，但在中国比较少，当然现在好些了。但在丛林文化中，中国创业者必须玩命地奔跑，但也注定跑不久，有些只能无奈停跑，退出市场。

投资人股东名册列满了整整 5 页纸

我们做天使投资，叫雪中送炭。对于初创企业来说，最初阶段是"死亡谷"，风险最大。恰在这时，天使投资人出现了。不仅给你资金，还给你出谋划策，提供资源等。

如果我是一位创业者，则会对天使投资人有感恩的心态，要把他们的利益放在心上。但国内有些创业者并非如此。他们有时候会对公司进行分拆，有时候会做一些投资人不喜欢的事。而北美创业者会更尊重契约，在意天使投资人的利益。

天使百人会投资沙龙活动合影

我曾在加拿大投资过一个跑得很快的项目，上轮已经融到 5000 万美元，包括天使投资人在内的股东名册列满了整整 5 页纸。

但国内初创企业，碰到参与合投的天使投资人，一般会提议做一个持股平台或由一位出资量大的股东来代持，其他出资量小的股东就此被隐身，成为隐名股东。

这固然有法律的要求，但对那些小的天使投资人股东是否有失公允呢？

70 多岁的天使投资人

从天使投资人的数量来说，中国还比较少，基本上是一些成功的企业家或大公司的高管，还有一些专业人士，如律师、会计师、大学教授等。

但在国外则不同，只要你有点钱，只要你愿意，就可以成为天使投资人。我曾经参加投资的一个美国项目的股东会，现场都是六七十岁的老人，最年长的 76 岁，好像是一个农场主，开了很长时间的车来到会议现场。如此高龄，如此热情，确实难得。

从天使投资人对创业者的心态来说，也有些不同。国外做天使投资的都是个人，很少有机构化的天使投资基金。一旦做成机构，就对出资人有回报责任，这与天使投资人的利他属性相悖。

对于个人天使投资人来说，他们怎么做项目的投后管理呢？基本上都是散养。

他们的观点是，创业者要野蛮生长，该摔的跟头一定要摔，你让他自己摔一下，他才知道疼。就像咱们教育孩子似的，咱们说得口干舌燥，他不摔那一下，还是记不住。

中国天使投资人对创业者的约束相对比较多，比较关注其进展和营收。国外天使投资人投就投了，后期没那么关注。这可能也与双方投资的资金数量有关。国外 1 万元、2 万元，甚至 2000 元都可以投，但在中国至少 10 万元起投。

100 万元可以融一年

对北美创业者来说，典型的融资模式是我们几个人出来创业，然后开始首轮融资，比如我会写一个商业计划书（Business Plan，BP）去融 100 万元。我今天见一些人，明天见一些人。如果某一位对项目感兴趣，可能就写个一两万元的支票，就成为我的天使投资人了。按照这种频次，100 万元可以融一年。

这对于中国天使投资人来说，是不可思议的。创业者要融 100 万元，即便我感兴趣想给他 10 万元，但如果剩下的 90 万元不到位，我是不敢给的。因为我给了这 10 万元，但他没融到后面的 90 万元，两个月之后不就"死"了吗？

对于北美投资人来说，第一个给他 2.5 万元支票的那个人，如果后面没融到，前面就完全打水漂了，但他愿意承担这种风险。

在中国，如果几个天使投资人合投，那么一定会相约在同一时间段付款。

这就在于国外有完善的信用机制保障。一个创业者信用破产，他将寸步难行。这让天使投资人有底气参与不同时段的合投。

北美创业者要度假

我有时会去加拿大和美国看看那些投资过的公司。如果碰巧在周末，这些公司的员工百分之百都找不着，而且也不允许找。有些公司的创始人还能找得着，但也不会随叫随到，因为很多时候是去度假了。

从勤奋程度来讲，北美创业者比中国人差远了。前段时间，互联网公司的"996"，从早上 9 点到晚上 9 点，一周工作 6 天，公众哗然，但中国创业者可能就是这种状态，即便度假，也会带着一颗工作的心。

虽然有些北美创业者起码比中国创业者要少一半的工作时间，但效率并没低多少。从 App 使用情况来看似乎有所证实。有关效率提升的 App，国内使用者只有 40%，但美国接近 80%。

北美创业者更讲究平衡，工作与生活的平衡，不像国内创业者所谓九死一生，全身心投入，有些人甚至走上绝路。

从投资人角度来说，我给了你银子，就希望你玩命跑，但实际上玩命是跑不远的。做过企业的投资人都知道，一个企业要想成长得有模有样，至少需要七八年甚至十年的时间，创业就是一场马拉松。

如果创业者全身心投入，不仅身体严重透支吃不消，而且家庭关系也会亮红灯，最终他不得不放弃。一张一弛乃文武之道，因此，我们投资人和创业者或许都应该调整心态，更平衡才能更持久。

曲敬东说

天使百人会发起人，天使百人会常务理事，天使百人会副理事长，天使百人会投资学院院长，天使百人会种子基金（Ⅰ）期管理合伙人，新龙脉控股集团董事长，新龙脉资本创始合伙人，北京理工大学教育基金会理事兼投资委员会主任，北京理工大学计算机学士，清华大学高级工商管理硕士。

1988 年进入中关村创业；1995 年赴海外投资创业，成为最早进行跨国投资的中国人之一。

曾担任联想高管及三星电子全球副总裁，系三星最年轻的中国籍高管；多次获得"IT 年度人物""中国最佳职业经理人"等荣誉，是IT 界最知名高管之一。

拥有超过30 年的创业、管理及投资经验，是中国最具影响力的投资人之一。曾获"投中·胡润中国最佳创业投资人"，央视"2019最受创业者欢迎的中国十大投资人"。

为什么现在是天使投资的大好时机

2019 年 10 月 15 日下午，在天使百人会投资学院第二讲的课堂上，本院院长、新龙脉控股集团董事长、新龙脉资本创始合伙人曲敬东先生，从五个方面阐述了"为什么现在是天使投资的大好时机"这一观点。

炒房致富的时代已经终结，股权投资才是财富保值增值的正途

过去三四年中，中国财富消失了 20 万亿元左右。2015 年的股灾把中产阶层洗礼了一番，5 万亿元到 10 万亿元的财富没了；后来 P2P 暴雷，消耗了 5 万亿元以上；还有股票暴跌、质押爆仓等。

最后一个被洗礼的可能是房地产行业。

中国经济将进入慢行道，GDP 增速会不断下滑，各行各业竞争会更加激烈，全球不安定因素增多，大国间的博弈和竞争将长期存在。

最容易赚钱的时代已经结束，靠炒房致富已经行不通了。股权投资才是财富保值增值的正途。

模式创新已经走不下去了，技术创新才是正途

中国互联网活跃了 20 多年，最早从 PC 端开始，有了网易、搜狐、新浪等，后来又有了 BAT，到了移动互联网时代，我们又一马当先，有很多创新，如微信、美团、支付宝等。

但 2019 年上半年中国股权投资市场大幅下行，投资总额约 2600 亿元，同比下降 58.5%；投资案例约 3600 起，同比下降 39.1%（数据来源：清科研

究中心）。

互联网的模式创新，烧钱的模式已经无法持续，因为"傻钱"越来越少，而"聪明钱"的要求越来越高。

从互联网时代到移动互联网时代，我们跑得太快，需要慢下来，因为缺少底层支撑。

底层支撑技术掌握在谁的手上呢？

日本和德国在全球顶尖的制造业技术方面占比较高，产品品质优良，制作工艺也非常精良。IT 行业的核心技术在美国，如芯片、操作系统等。这些都是差距，也是方向。

模式创新已经谢幕，技术创新走上舞台。

天使投资要投原创技术和源头技术

不管在哪个领域，我们都应该更加注重投技术性的公司和技术性的项目。作为企业技术的结晶——专利，无论怎么强调其重要性都不为过。即便公司倒闭了，还有专利也不错，未来专利会很值钱。

比如，2017 年山东理工大学毕玉遂教授团队的"无氯氟聚氨酯新型化学发泡剂"专利卖了 5.2 亿元。像谷歌和微软这些大公司，大部分专利都是收购而来的。

我们天使投资人要特别注意在专利和技术层面下功夫。天使投资原本投资的就是早期项目，我们要从源头和原创锁定技术创新。源头就在大公司的产业链延展，而原创就在高校和科研院所的实验室。如果我们抓住这两端，就能抓住高科技的发展脉络。

长周期和低回报是天使投资的规律

相对于天使投资的发源地美国来说，中国的天使投资行业还处于初级阶段，很不成熟。

为什么有那么多 P2P 平台暴雷？因为他们抓住出资人的心理，追求短平快，追求高回报。募集了大量资金，却无法真正创造高回报。

其实，哪有那么多短平快？哪有那么多高回报？

美国天使投资有 40 多年的历史，一般投资周期都在 8 ~ 10 年，回报率超过年化 6% 就算比较高的了。我们也要回到天使投资的本质，任何虚高的承诺可能都是骗局，需要我们加倍警惕。

天使投资可以跨越经济周期，现在是天使投资的大好时机

天使投资可以跨越经济周期，现在经济下行，市场泡沫挤得差不多了，项目的估值逐渐下降，性价比越来越高，刚好是我们天使投资人出手的好时机。

但现在对天使投资人的专业性要求越来越高，这就需要我们抱团合投，优势互补，聚集资源，降低风险。

正是为了提高天使投资人的专业性，天使百人会作为中国天使投资人中很有影响力的组织，我们创办了天使百人会投资学院，希望帮助企业家提高专业投资能力，成为合格的天使投资人。

过去投资，其投资对象通常是已经成立了公司的初创企业；现在我们可以把天使投资阶段再往前提两个节点：

一是对知识财产（Intellectual Property，IP）进行投资。项目处在早期的知识产权和专利研发阶段，将会产生专利的回报，如授权和转让。

二是对成果转化阶段的技术进行投资。将科技成果与产业发展相结合，通过产品化、市场化运营产生商业价值，并通过并购和上市实现退出。由于投资时间早，估值低，高回报是可期的。

未来十年，世界将进入技术驱动时代。中国技术创新的红利将为天使投资带来广阔的发展空间，这是值得期待的。

五位天使投资人说

从左到右分别为陈沛、刘小鹰、汤旭东、孙国富、周彬、吴智勇

天使投资圆桌论坛

天使投资机构化是伪命题

天使投资发端于美国，从事天使投资的都是个人。来到中国后，有一个创新，出现了天使投资基金，也就是天使投资机构化。但是天使投资人和天使投资基金孰优孰劣呢？

"天使投资机构化是伪命题。"天使百人会 TMT 投资委副主任、丰厚资本创始合伙人吴智勇说。

"这不能一概而论，我认为应该看规模，5 亿元的基金显然不能完全投天使。"天使百人会 TMT 投资委主任、北京创势资本管理有限公司（简称"创势资本"）董事长汤旭东并不认同。

2020 年 1 月 7 日下午，北京希尔顿酒店，在"天使百人会 2019 年会暨 7 周年庆典"的圆桌论坛上，五位中国知名的天使投资人发出了不同的声音。

做天使投资本身应该是个人最适合的行为

吴智勇介绍道，丰厚资本是做天使投资起家的，机构化天使投资是伪命题。做天使投资本身应该是个人最适合的行为。

因为天使基金做得好，会有很多有限合伙人（Limited Partner，LP）出资，到 5 亿 ~ 10 亿元，已经不是天使基金，而是风险投资（Venture Capital，VC）了。反之，如果做得不好，融不到钱也就死掉了。

所以，从理论上讲，天使投资基金不能持续，会慢慢变成 VC，兼做一些天使投资，这可能是一个趋势。

天使百人会 AI 投资委委员、轻舟资本创始合伙人周彬认同吴智勇的说法，因为规定时间内投到足够多的好项目，概率比较低。

天使百人会基金合作委主任、华澍资本创始合伙人孙国富介绍，华澍资本从天使投资起家，但因为自有资金没那么多，队伍会坚持不住。后来发政府类基金，规模大幅提升，才发现天使投资那段初始岁月，刚好锻炼了队伍。

我对天使投资情有独钟

天使百人会 AI 投资委主任、老鹰基金创始合伙人刘小鹰说："天使机构化投资说是伪命题也对，说真命题也对。"老鹰基金直投项目既有上千倍的回报，也有铩羽而归的情况。无论成功还是失败，都积累了经验教训。

"现在老鹰基金会做各个阶段的基金，有天使，也有 VC，VC 我会请其他合伙人去管，我会带领小伙伴专做天使投资。"刘小鹰说："我还是会坚持天使投资机构化，但我希望未来发的天使基金不用太大，每年有 1 亿 ~ 2 亿元，周期在 10 年以上。"

"因为天使投资不仅有高额回报的小可能，也有颗粒无收的大风险。前者是推动科技进步的硕果，后者是帮扶创业者情怀的代价。这都是我的最爱。"

我对天使投资始终抱有敬畏

汤旭东说："天使投资机构化是不是伪命题？我觉得要看经营规模，如果有 5 亿元的基金肯定不能全部做天使投资。"

"与 VC、PE（Private Equity，私募股权投资）相比，天使投资是在最前端的投资，金额相对偏小，但这并不意味天使投资很容易，它同样需要专业技能。我对天使投资始终保持敬畏。"

"我是在创投行业 22 年的老兵，过去，我们做 VC、PE 时，每个赛道都尽量多撒几个，现在看来是失败的教训。现在做天使投资，每个赛道都投一个我认为最好的企业，投完以后我会拼命地做投后服务，对接各种资源，让他能够成长得更快。"

我对中国有信心

"中国现在不是没有钱，而是没有信心。"天使百人会 TMT 投资委主任、创势资本董事长汤旭东说："2019 年中国居民可投资资产规模突破 200 万亿元，为什么还出现基金募资难？"

天使百人会 AI 投资委委员、轻舟资本创始合伙人周彬说："轻舟资本坚信中国国运昌盛。"

2020 年 1 月 7 日，希尔顿酒店，在"天使百人会 2019 年会暨 7 周年庆典"的圆桌论坛上，刘小鹰、汤旭东、孙国富、周彬和吴智勇，这五位中国知名的天使投资人都表达了对中国的信心。

别人贪婪时，我恐惧；别人恐惧时，我贪婪

股神巴菲特的名言曾经被奉为二级市场的语录，而今在一级市场同样适用。在天使百人会的圆桌论坛上，各位天使投资人也表达了同样的观点。

回顾 2019 年，经济下行，资本寒冬，天使投资是否有寒意？汤旭东说："我做科技天使投资为主，对我来讲危中有机，反而看到一些机会。

"2019 年，我投了几个海归创业项目，尤其是几位在高通公司工作了十五年的华人，他们是非常牛的技术大佬，他们在美国被认为是中国科技间谍，很不受待见，他们回国创业给我们带来机会。"

周彬说："2019 年，我们也投了不少美国海归项目，质量高，价格也合适。"

天使百人会 TMT 投资委副主任、丰厚资本创始合伙人吴智勇说："2019 年，我们投资的几个项目的价格都很便宜，也融到不少的钱。"

天使投资只有长周期，没有逆周期

为什么天使投资受经济周期影响有限？

为什么经济下行对天使投资反而是机遇？

第一，从自身规律来说，天使投资要想退出，需要耐心地等待。

如果把创业者比成学生，IPO 是上北大、清华，那么当这个孩子上小学，甚至幼儿园时，投资人是天使投资人；上初中，投资人是 VC；上高中，投资人则是 PE。相对于初中生和高中生来说，幼儿园或小学时期显然需要漫长的等待。

"我不太看周期"，天使百人会基金合作委主任、华澍资本创始合伙人孙国富说："做投资看周期，都是为了做短线，但天使投资是价值投资，需要长周期。每次投资都是 10 年以上，我们非常有耐心。"

天使百人会 AI 投资委主任、老鹰基金创始合伙人刘小鹰说："天使投资与经济周期关系不大。我们主要投年轻人创业，投技术创新、模式创新，总有机会的。"

第二，从天使投资行业来说，无论天使投资机构、天使投资人，还是创业者，都经过了大浪淘沙，剩者为王。

汤旭东说："我做了 22 年，是一名创投老兵，经历过几次大的经济周期。2020 年对天使投资行业来讲是个机遇，因为很多基金没钱倒闭了，我们有好的业绩就可以逆势成长。"

周彬说："在逆周期下，项目质量都比较高，价格都比较低，性价比非常高。"

吴智勇说："从国内外历史来看，所有赚钱的投资往往都是在经济下行时做出的，因为价格便宜。"

圆桌论坛主持人、天使百人会常务理事、北京云悦共创科技公司董事长陈沛说："经历了资本寒冬，能存活下来的项目大都质量比较高，我们更容易淘到真金。"

中国一定会诞生全世界顶级的高科技公司

作为一个细分行业，天使投资同样离不开宏观大势。"做投资要顺势而为，在中国尤其要顺应政策大势。中美贸易摩擦，美国对中国高科技企业出口围追堵截，对高科技技术、产品进入到中国设卡封锁，这对中国高科技企业是一种激励。"

吴智勇说："一方面，中国政府在大力扶持自主创新；另一方面，中国创业者在聚焦科技创新。中国天使投资的主战场就是高科技。"

陈沛总结道："只要站在中美战略博弈的背景下，就知道我们应该做什么。逻辑很简单，对方反对的，我们就支持。"

"科创板登陆中国主板市场，就是为高科技企业提供出口，也为早期投资者提供退出通道，资本可以从这个链条进入真正的中国高科技产业中。"

"未来五到十年，中国一定会诞生世界顶级的科技公司，真正成为中美争霸中最重要的支撑性力量。"

天使百人会大讲坛

倪光南院士在"天使百人会2019年会暨7周年庆典"上演讲

天使百人会投资沙龙活动合影

倪光南说

中国工程院院士，中国科学院计算技术研究所研究员。

参与研制我国自行设计的第一台电子管计算机（119 机）。20 世纪六七十年代开展汉字处理和字符识别研究，首创在汉字输入中应用联想功能。

在担任中国科学院计算所公司 / 联想集团总工程师期间，他主持开发了联想式汉字系统、联想系列微型机，分别于 1988 年和 1992 年获得国家科技进步一等奖；联想集团以联想式汉字系统起家并由此而得名。

此后，一直致力于发展自主可控的信息核心技术和产业，2011 年和 2015 年分别获得中国中文信息学会和中国计算机学会终身成就奖。

中美贸易摩擦之下中国高科技企业的应对

现在贸易摩擦给我们带来的困难，与其说是贸易方面，不如说是在高科技发展方面。

美国对高科技的管制对中国高新技术产业的发展确实是一个很大的威胁，已经产生了相当大的影响。

美国对高科技出口管制越来越严

目前美国商务部"出口管制"已加予"美国技术含量"超过 25% 者

"美国技术含量"包括：制造地位于美国；技术源于美国；国外制造但源自美国的技术内容等情况。25% 的计算过程比较复杂，有很多细节，同时涉及元器件、软硬件、材料等，不一而足，而且软硬件不一样，实际操作也相当复杂。实际上是美国说了算。

美国"出口管制"加予"美国技术含量"超过 25% 者。不管在哪个地方，只要认为美国技术含量超过 25% 都可以对你进行制裁，违规后果严重。

25% 是一个严格责任标准，如果有证据表明是明知故犯那就是刑事处罚；如果不知则是民事处罚，处罚标准是罚款 30 万美元和交易量的两倍，同时还可能加到实体清单中。同时，这一惩罚是针对双方的。

据说，25% 这个界线甚至还可能降低，所以说"美国技术含量"条款对中国高新技术发展的影响会很严重。

制约开源软件

目前，世界上开源软件这个商业模式或开发模式非常成功，一般私有的软件都要收取版权使用费，而开源软件则不用。

开源软件有利于中国软件业实行"引进消化吸收再创新"，例如国产操作系统大多都是基于开源软件发展起来的。互联网企业也大量使用开源软件，现在美国也开始制裁开源软件了。

按理来说，开源软件和美国政府没有关系，开源软件是基于版权法的，是开发者把他享有的版权贡献出来给用户，或者把版权转移给其他发行者，本来应该没问题，但是美国出口管制却让它变成了问题。

我们知道开源软件社区中很多人都要下载代码，也需要把各自的贡献上传上去，现在美国出口管制法律却说，在美国网站上代码的上传下载也是进出口，受出口管制法的管辖。

不久前，作为全球最大的代码开源社区，GitHub 更改了用户协议，新协议显示，其服务器及用户上传的信息要接受美国法律监督，必要时 GitHub 可以禁止向华为等提供一切代码资源。这对开源软件的影响还有待进一步评估。

美国新规限制人工智能技术和软件出口

自 2020 年 1 月 6 日起，美国企业出口某些地理空间图像软件时必须得到美国政府的许可，才能将软件发送到海外 (加拿大除外)。智能化传感器、无人机、卫星和其他自动化设备的目标识别软件 (无论民用或军用) 都在限制范围之内。

2017 年，美国政府曾想加强对中国在硅谷投资的审查力度，预防那些对美国国家安全至关重要的敏感技术外流。

2018 年，美国又在高端芯片领域对中国相关企业实施禁售和管制。

2019 年 5 月，美国商务部将华为等中国公司和机构列入"实体清单"，随后又在同年 10 月将海康威视、大华股份、旷视科技等公司列入"实体清单"。

以前这一系列举措还集中在硬件，特别是芯片等领域，但美国 2020 年开年出台的这项政策，则突出了软件，与硬件相比，软件在全球化等方面对美国的依赖性更大。

中国高科技企业的机遇和挑战并存

习近平总书记的一系列指示深入人心

中共中央总书记习近平关于"没有网络安全就没有国家安全""关键核心技术是要不来、买不来、讨不来的""努力实现关键核心技术自主可控，把创新发展主动权牢牢掌握在自己手中"等指示日益深入人心，转化为抵御外国打压中国高新技术发展的强大精神力量。

总书记关于网络安全系列讲话中的指示非常重要，有些人的观念还没有跟上，觉得有些东西不必由中国来做，觉得别的国家来做更加合适，或者可以依托国际分工，或者可以按性价比进行选择等。

在传统领域，这种观念没有错，中国橡胶可以从外面进口，很多食品，如土豆、玉米都可以进口，在中国生产可能划不来。

但从网络安全角度来看，有些事必须自己做。因为中国是大国，而且在和美国竞争，这是世界上第一和第二的竞争，你不做就不行。

所以，在网络安全领域，中央确立了坚持安全可控和开放创新并重，坚持独立自主和对外开放相统一的战略方针。

中国政府对国产技术的支持增强

《金融时报》声称中国已下令在 3 年内，对政府公共机构的计算机全部用国产化产品替代。且不说消息准确度有多高，但这确实反映一个客观情况，中国政府在推进。

为什么要这样做呢？

我们发现不做自主可控软硬件的话，用人家的软硬件有后门，就可能让你随时黑屏，所以从安全角度考察必须做到自主可控。以前我们没有下这么大的决心，这次特朗普制裁，促使我们要定下期限来完成。

我们经常说没生态，生态是靠市场来建的，这是鸡和蛋的关系：有应用软件、解决方案才有用户；而有用户，有市场，才会有厂家为它开发应用软件和解决方案……所以如果市场被人家垄断了，这个良性循环就建不起来。

怎么办？

中国的长处是体量大，光是政府部门的计算机市场就是千万级的，是一个欧洲中等国家整体市场的水平。中国政府把自己用的这块市场，自己控制的市场拿出来，就等于一个国家的用量，国产软硬件在这个市场练好了，一般市场也就能进去了。

同时，目前国家对芯片等高新技术产业的投资很大，重点投资芯片的国家大基金第二期预计募集规模 2000 亿元左右，能撬动投资 6000 亿元左右。工业软件也迎来了良好的发展环境，预计将维持较高增长水平。

2018 年，我国工业软件的市场规模已经达到 1603 亿元，较 2017 年增长 14%。预计至 2021 年我国工业软件的市场规模将达到 2222 亿元。

中国数字经济发展迅速

新一轮科技革命和产业变革的主要推动力之一是新一代信息技术，包括人工智能、区块链、大数据、云计算等，数字经济发展的大趋势是制裁不了的，全世界都要向数字经济靠拢，它有带动性，将带动市场、技术的发展。这是世界潮流，也是有利条件。

到底技术制裁对中国高新技术有什么影响呢？从目前来看，暂时对我们增加了很多困难，有些设备买不进来，有些软件也不让用了；但是反过来，这也逼着中国自己去做。

回顾历史，中国想认真做的事情几乎没有做不成的。例如，北斗的水平现在和 GPS 已经完全可以同台竞争了。移动通信方面，3G 的时候中国标准不太行，4G 大体上打个平手，5G 中国就走在前面了。

实践证明，中国只要充分发挥创新潜力，把创新积极性调动起来，政府的作用充分发挥出来，那么经过 5 到 10 年，我们应该会看到，虽然中美贸易摩擦给中国高科技发展带来了负面的影响，但从长远来看，等到我们熬过这许多艰苦的日子后，正面的影响一定会超过负面。

倪光南院士为何出席天使百人会 2019 年会

12 年后再相会

2020 年 1 月 7 日下午，在北京希尔顿酒店，"天使百人会 2019 年会暨 7 周年庆典"的现场，意外看到中国工程院院士倪光南先生的身影。

倪光南院士为什么来参加一家投资社会组织的年会呢？这源于 12 年前人民日报社《中国经济周刊》杂志社记者胡雪琴的一次专访。

2008 年 10 月 15 日，微软中国宣布，将同时推出 2 个更新，如果用户电脑装的是非正版 Windows，将每小时黑屏一次。微软黑屏到底是维护自己公司的权益还是侵犯广大中国用户的权益？

时为《中国经济周刊》记者的胡雪琴倍感愤怒拍案而起。

2008年10月21日，她对中国计算机界泰斗、中国工程院倪光南院士做了专访，新闻报道标题为："倪光南院士谈'微软黑屏'：'对借垄断地位控制用户机器，我们有权说"不"'"。

包括这篇文章在内的中国汹涌的舆情让巨头微软不得不止步。

2014年，胡雪琴离开媒体来到天使百人会任职执行秘书长，2015年担任秘书长。

作为曾经的一名媒体人，她曾在人民日报社《中国经济周刊》等媒体工作过10年，写过上百万文字的新闻报道。

她总想将过去的新闻报道选择一些内容汇集成一本书，作为个人回眸10年媒体路的纪念。但她在天使百人会工作很忙，直到2019年才终于得偿所愿，出版了一本图书。

该书名为《小康中国发展口述史——我对中国有信心》，由五洲传播出版社出版，共有37篇人物专访，并有幸入围"共和国成立70周年 & 中国全面建成小康社会"的献礼图书。该书中文版和英文版同时推出，面向全球发行。

37位被采访对象都是重量级人物，有院士、将军、政府官员和上市公司掌门人，该书记录了在那些关键历史节点、关键岗位上人物的所思所想，所言所行。其中有一篇正是对倪光南院士的专访。

2019年，胡雪琴秘书长新书《小康中国发展口述史——我对中国有信心》面世;天使百人会常务理事会决定，在本年年会上一并主办本书发布会。因此，胡雪琴秘书长特别邀请倪光南院士参会，并让其就当前国际热点问题发表主旨演讲——"中美贸易摩擦下的中国高科技企业的应对"。

谭伟东说

中美战略研究院总裁兼院长；前美国花旗集团高管。1983 年毕业于北京大学，获经济学学士学位，留校任教。1990 年赴美深造，1992 年毕业于美国特拉华大学，获经济学硕士学位，1997 年毕业于美国北伊利诺斯大学，获经济学博士学位。

研究领域涉及宏观金融、风险理论与管理、金融经济学、转型经济学等方面。主持多项省部级和美国大公司重大课题，多次获得各种学术奖励，在国内外刊物与报纸发表文章若干。

著有《西方企业文化纵横》《公司文化》《经济信息学导论》《超现代经济学》，编著《软科学手册》，译著《信息经济学》。

中美两国关系的未来

2019 年，中美贸易摩擦跌宕起伏，中美两国未来是深度博弈还是携手合作，让全球倍加关注。我非常荣幸获邀参加"天使百人会 2019 年会暨 7 周年庆典"，就此发表一些个人拙见。

中美关系是过去 50 年和未来 50 年最重要的双边关系

从短期来看，中美关系有三种可能：

第一种，谨慎乐观，概率为 50%。

触底趋好，阶段和局部区域合作，尽可能降低直接大规模贸易战和一切经济金融战的冲突。

第二种，好坏情形和变动结果无常，依旧不大确定，概率为 30%。

美国鹰派即副总统彭斯系及其背后操纵能量，白宫特朗普家族和美国各派系斗争不确定性，国际突发事件不可测性等，决定了这样的突变可能。

第三种，更加艰难的脱钩启动和进一步升级对抗，概率为 10% ~ 20%。

从中长期来看，未来 5 ~ 10 年或者更长一段时间，则应可以找出解决办法，形成新的双边架构和多边国际关系格局，以便开启战后和后冷战的世界格局和治理结构的大转型，酝酿出新的国际关系法体系和国际社会哲学。

美国与西方文明的五大焦虑

中美冲突或贸易战、金融战、科技战等等，为什么 40 年前、30 年前、20 年前没有爆发？

美国亚太再平衡为什么发生在奥巴马时期？特朗普班底的贸易战又是为哪般？

中美关系的主要矛盾方面，尤其是其中的交互作用，来自中国作为世界第二大经济体的迅速崛起，引起了美国与西方文明的广泛焦虑。

美国与西方文明的焦虑之一：中国基础设施的跨越式发展和某些领域跻身于世界第一方阵，个别领域规模和技术体系及其管理开始领跑世界。特别是中国现代化基础设施领跑全球，明显超过美国。

所有这些方面已经形成对美国从未有过的绝对意义上的国际竞争，甚至超过美苏争霸、日本挑战和德国挑战。

美国与西方文明的焦虑之二：中国产业、社会零售总额及其微观经营单位的杰出竞争力和表现，代表了世界竞争力领军位置的交叉换位。

- 中国产业重新改造了全球产业和资源的配置，以及基本前提和经营标准。

- 中国社会零售总额超过美国，意味着美国 GDP 多于中国的部分，基本上是虚拟的，从而缺乏价值支持。

- 中国世界 500 强企业占比首次超过美国。

- 以华为为代表的中国微观企业制度和文化，已经占领了世界经营管理哲学与实践的最高峰。

美国与西方文明的焦虑之三：中国道路、中国方案，以及中国自信，不但在技术和经济层面，而且在管理和治理体系上，形成了中国风格。

- 中国国家与社会治理手段及其体系，在中西合璧基础上，显示出代表人类和世界未来的发展趋势。

- 美国的美元霸权、科技霸权、军事霸权，从能力到战略，从机制到体系，从实践到理论，均出现灾难性衰落的先兆。

- 以美国为首的西方文明，在战后黄金时代和后冷战时期的非理性繁荣，以及信息革命后出现的所谓打破周期律三大神话破灭后，出现了周期性的远远超过熊彼特的创造性破坏理论（Schumpeter's Creative Destruction）的周期，面临剧烈震荡和大调整、大洗牌。

美国与西方文明的焦虑之四：美国世纪和美国梦在美国这个西方自由世界盟主和世界领袖的本土或大本营上出现衰败和难以克服的困境。

美国占领华尔街运动、法国黄马甲运动和拉丁美洲社会浪潮，所折射出来的西方文明两头小、中间大的社会结构出现破产迹象。

社会两极化运动，从财富分布上再次呈现出马克思话语体系下的资本和雇佣劳动大军的对立运动，而不再是晚期资本主义。

美国与西方文明的焦虑之五：西方文明的衰落在美国的当代出现了心灵振荡。

- 美国基础科技创新，原创理论甚至重大科技创新，出现了同产业化和本国产业开发，以及高端化开发的几乎完全脱钩。美国作为自由世界盟主、自由乐土、美国梦的孵化大陆，仅仅剩下余波。

- 美国"二战"后主导和建立起来的几乎所有主要的国际机构和体系，正在被美国内外合力推翻和摧毁，如联合国、世界银行、国际货币基金等。

中美的未来必将寻找到一条新的解决之路，形成新的双边关系

现在中美关系面临六大不确定性：

- 世界与中国能源问题与出路。

- 国际与中国金融新秩序的设计及战略，尤其是国际博弈和建构速度。

- 中国技术和产业体系革命，与产业后备力量的平衡之间的冲突。

- 美国和欧洲及其拉美左翼革命和右翼政变的不确定性。

- 技术和产业体系集成革命与产业后备军的平衡。

- 新的世界大战爆发的可能性。

我们面临一个世界百年未有之大变局，美国试图依赖世界霸主之历史惯性，延展推移既定的世界格局，维持国际完整既定的所谓理性秩序，已经不太可能。

中美的未来必将寻找到一条新的解决之路，形成新的双边关系。

谭伟东院长参加"天使百人会 2019 年会暨 7 周年庆典"后，诗兴大发，赋词两首。

相见欢·天使百人会庆典

天使昨晚尽展，

七岁典，

步履蹒跚然蹒跚。

沧海田，

依江山，

灿人寰。

圣迹江山吾辈尽开颜。

长相思·天使百人会谊

长相思，

不相疑，

天地人神醉情谊，

何事比相知？

管鲍谊，

钟子期，

世间万福逢知己，

知遇赖天使。

熊李力说

对外经济贸易大学国际关系学院教授，国际政治学系主任，国家对外开放研究院研究员；德国国际政治与安全研究所客座研究员；日本爱知大学国际中国学研究中心客座研究员；中央电视台、中国国际广播电台、人民日报社人民论坛、深圳卫视、湖北卫视特约评论员。

曾两次荣获北京市高等教育教学成果奖，主持国家社科基金、教育部、商务部等多项研究课题，曾在《外交评论》《现代国际关系》《国际论坛》《国际观察》《光明日报》《人民论坛》《环球时报》等权威刊物和媒体发表学术论文和评论文章近百篇。

三问中美经贸摩擦

"讲得太好啦！"从下午 3:30 到晚上 8:40，天使百人会 50 多位天使投资人会员全程、全场倾听，连上洗手间都不舍得去，"生怕错过点什么"。

2020 年 10 月 27 日下午，天使百人会主办的 2020 年第一场线下主题活动、第 41 期投资大讲坛，好评如潮。

天使百人会特邀国际关系研究大佬、央视特约评论员、对外经济贸易大学国际关系学院教授熊李力就"国际关系、中美经贸摩擦与投资趋势展望"进行了 5 个多小时的深度分享。

中美关系到了最糟糕的时期了吗？

目前，有种说法是，中美关系进入了"珍珠港事件"前夜。

熊李力教授认为这种观点绝对是危言耸听。因为，"珍珠港事件"是日本打到了美国的本土。日本偷袭珍珠港，由此引发了全面太平洋战争。今天的中美关系确实有一系列军事冲突潜在的热点，却没有一个能和当年的"珍珠港事件"相提并论。

中美会进入"新冷战"吗？

所谓"旧冷战"是指几十年前的美苏关系。当时，两国只有军事和政治关系，没有什么经济与社会联系。但今天的中美关系则有着非常深刻而广泛的联系。与之相比，中美关系实际上要复杂得多，深刻得多。所以，我们不能简单地说，中美就处于"新冷战"的前夕。

熊李力教授指出，今天的中美关系确实遇到了两国建交 40 年来前所未有的挑战。未来，这种挑战很可能进一步加剧。

中美经贸协议为何陷入僵局？

自 2018 年以来，中美贸易摩擦已经过了 13 轮磋商，摩擦呈现出阶段性特点，而两国领导人的两次会晤并没有让协议达成一致。

为什么中美达成协议这么难？

熊李力教授就此进行了深入分析。中国在"大幅缩减美国对华贸易逆差，降低投资准入门槛"两个方面展现了诚意，但是，对于美国要求中方"停止技术转让，转变经济发展模式"的要求，中方不能认同也退无可退，两国关系就此陷入僵局。

中国一直以来都是以市场换技术。但很多技术被中国引进以后，都相继被中国超越。

比如盾构机，我们 2000 年开始和德国合作，引进技术，经历 10 年的引进、模仿、消化、吸收、自主创新，到 2010 年，中国盾构机已经达到了欧美同类产品的水准。

毋庸置疑的是，中国盾构机、中国高铁等之所以如此成功，就在于我们有一个巨大的内需市场，可以给产品提供全世界独一无二的试验和使用机会。

所以，质优价廉的中国高科技产品，首先国内实现替代进口，其次占领国际市场，让发达国家同一领域的一些企业倒闭、产业凋敝，因此中国被称"发达国家的粉碎机"，也为欧美发达国家所诟病。

从一定意义上来说，中美经贸磋商虽然止步于技术转让，却远远不只是经贸摩擦那样简单，而是经济战、军事战、政治战，以及价值观之战、两国立国根本之战、东西方文明之战。结果如何，时间会给我们答案。

中国经济的强大韧性来自哪里？

2017 年 12 月，美国出台了新的《国家安全报告》，第一次把中国放在了俄罗斯前面，列为头号美国国家安全威胁。

而让特朗普懊恼不已的是，美国客观上已经错过了遏制中国发展的最佳窗口期。人口数量是"10 个墨西哥、10 个日本、4 个欧盟"的中国，确实已然成为挑战美国霸主地位的头号竞争对手。

对于美国到处插手和威胁，我们没有示弱，而是主办了抗美援朝 70 周年纪念活动，还有了总书记习近平重述当年国家主席毛泽东的对美喊话，"现在中国人民已经组织起来了，是惹不得的。如果惹翻了，是不好办的。"

此次抗疫又充分展现了"中国不仅人多，男女老少爱劳动，还有组织纪律性，肯牺牲，愿付出"的品质。这些都是美国望尘莫及的中国力量。

熊李力教授分析，无论新一任美国总统是谁，中美经贸摩擦都会持续，但不会全面脱钩。因为如果脱钩，是"伤敌一千，自损八百"。万一脱钩，中国的应对之策则是双循环中的"内循环"。

中美经贸摩擦迄今为止已经两年多了，还没有哪个国家能像中国和美国耗得这么久，这体现了中国经济的强大韧性。

我们拥有中国共产党的坚强领导，拥有庞大的资本市场、庞大的劳动力供给以及庞大的消费市场，确实为中国经济提供了足够的韧性，也给了中国人民克服一切困难的坚定信心。

贺建增说

衡荣农业创办人

耕读大学执行校长

中国农业大学特聘研究员

山西农业大学客座教授

实现了有机农业不减产，探索出了衡荣有机生态产业链模式，致力于推动基于全域有机农业的乡村复兴模式。让农民不离乡土、安居乐业、过得有尊严；让城里人吃得起有机产品，过上有机生活，健康有保障；促进城乡融合，为乡村振兴和中华民族复兴探路。

中国人的饭碗如何牢牢端在自己手上

当前，中美贸易摩擦加剧，美国芯片技术先进就打压中兴，其 5G 技术落后则打压华为。占领高科技制高点成为两个大国博弈的主战场。

有人担忧，如果美国利用粮食问题打压中国怎么办？一个答案油然而生，中国人的饭碗一定要端在自己的手上。

怎么实现？

2019 年 5 月 21 日，在第 13 期天使百人会大讲堂活动上，该会会员、衡荣农业创办人、耕读大学执行校长贺建增先生，从下午 2 点到 4 点 30 分，连续讲了 2 小时 30 分钟。

经过 15 年的艰苦探索，贺建增先后投入 3000 多万元，率领团队已经在山西 10 多个村庄实现了全域有机农业，让那里的村民率先过上了幸福的有机生活。

贺建增用 15 年扎根乡村实践提供了这一答案。有趣的是，他曾经是一名华为 IT 男！接下来，听听他讲述的心路历程。

华为 IT 男的农人情结

1993 年，我毕业于兰州大学物理系。首先到 798 厂；1995 年，进入 IT 行业；1998 年到深圳华为；后自主创业。在做 IT 的那些年，我把全国各地都走遍了。每当回到山西老家，失落感一次比一次重。

20 世纪 90 年代末，沿海地区尤其珠三角、长三角发展都很快，相反农村却在倒退，农民在村里教育缺失，能力不足，素质很低，挣不到钱，在社会的最底层形成了一个恶性循环。

当时我就想着能否给村里做点什么，帮帮农民。但这仅仅是想想而已，自己既没能力，也没实力。直到 2004 年，我和同学把深圳的创业公司关掉后，回到山西，开始了大半年的调研。

我们在山西走访了 40 多个县，200 多个村，真真切切地了解了乡村的实际状态。同时，我也找山西农业大学、中国农业大学、北京农学院、中国科学院植物研究所、中国农业科学院的老师们学习，看看在村里到底能干啥。于是，我第一次接触到了有机农业、有机食品。

我从小学开始就带手绢，从未买过面巾纸

我发现这件事还真能干。一方面，有机食品能解决食品安全问题，而这关乎每个人的健康问题。另一方面，有机农业的另一个价值是保护环境。

这恰好与我从小的环保情结高度契合。

我始终认为，人活在世上不应该浪费资源，污染环境。从上小学开始，我一直有个用手绢的习惯，从未为自己到超市买过面巾纸。

实际上，纸张的生命过程中，碳排放很高。首先造纸原料要消耗大量树木；其次造纸过程又要消耗大量能源，排放大量污染物；最后才产出纸张。虽说纸可以降解，但现在纸巾大多添加了漂白粉、荧光剂，这些添加物都会污染环境。

一个危险的信号：农民挣了钱只会资助儿女在城里买房

2005 年，我先在老家山西原平自己租了十几亩地，然后又借用同学朋友家的共七八十亩地，总共凑了 90 多亩地开始第一轮实验。

刚开始，大家担心不用化肥、农药，到底能不能种好地？经过一年的试

验，疑虑完全被打消了。2009—2010 年，有机生态农业产业链各个节点的技术问题大部分得到解决。

2010 年，有一户农民年收入超过 5 万元，他们原本收入才 1 万多元。这是一个大的进步。2011—2012 年，这样的农户逐渐多起来了。

但没想到的是，我们遇到了一个从未想过的问题：农民挣了钱会拿来做什么？

我们惊讶地发现，他们既不用来改善自己的生活条件，也不用来修自己的房子，对村里公共事务更没有贡献，仅仅攒下钱资助儿女在城里买房。很显然，他们这是为了让儿女逃离乡村，而自己在这片土地上得过且过。

这是一个很危险的信号。长此以往，再过 30 年，这批在村里种地的老人去世后，不管有机农业技术再先进，产业模式再有价值，但没人种地，一切都将成为泡影，乡村衰败也就大势所趋了。

怎么办？于是，我和一些志同道合的农业专家教授、在农村一线工作的朋友们，一边实践，一边探索，我们终于找到了一套完整的乡村复兴解决方案。

如果把农民放在有机种植的对立面，有机农业注定会失败

自 2004 年起到 2019 年，"中央一号文件"连续 16 年聚焦"三农"问题，可见其之重要。

解决三农问题，一定要把"农业、农民、农村"问题看成一件事，系统地、完整地解决。如果三者割裂，一定无解。

一个简单的事实是，如果农民不进行有机种植养殖，市民就很难吃到健康的食品；如果市民吃不到健康的食品，那身体健康从何而来？

但农民如何进行真的有机种植养殖？靠监督监管吗？如果把农民放在对

立面，有机农业注定会失败。

只有让他们从有机生产中得到实实在在的好处，"不离乡土、安居乐业、过上有尊严的生活"，农民才会心甘情愿地做有机农业。

我们在十几个村三管齐下，同步实施全域有机农业生产、生态乡村建设和人文社会回归。如果说第一项是技术和产业问题，第二项是人居和环境问题，那么第三项则关乎人心回归。我们把这些称之为"基于全域有机农业的乡村振兴模式"。

为什么要"整村整村"地去做有机农业？

农民种地，要以村庄为单位，进行有效组织。只有组织起来的农民，才能把农业这件事情做好。

如果还是传统的小农经济，一盘散沙，大家都顾着自己的一亩三分地，根本挣不到钱，青壮年农民纷纷进城，只有老弱病残留守，必然造成乡村的衰败。

其实，在化学农业的汹涌澎湃中，有机农业往往会被淹没。这是由有机农业的自身特性决定的。

不管是几十亩或几百亩的小农场，抑或是几千亩、几万亩的大农场，有机农场都是在化学农业汪洋大海中的一座孤岛。如果你这儿不打农药，但周围的都打农药，那么扩散漂移过来的污染物，同样会危害你的产品。

更严重的是什么呢？

如果你的种植面积不够大，周围打农药你这儿不打，那么他们家的虫子，闻到农药味就全跑到你的地里来吃，有机农业根本就做不下去了。所以，我们推动全域有机农业，要整村整村地去做。

全域有机农业是指在一个村内，实现化肥、农药、除草剂、生长激素和转基因不进村，所有农业生产（种植、养殖和培植）都按照有机方式来进行，形成包括植物、动物、微生物为一体的有机生态产业循环体系，所有的废弃物都得到了循环利用。

如果从源头对垃圾进行分类，就没有垃圾了

如何让农民过上有尊严的生活？

我们引导农民就地改善自己的居住条件和村庄面貌，用低碳、节能的材料和方式来实现，既保留乡村的传统风貌，又能够让农民享受到现代生活的舒适和便利。

但我们一定不能把城市化过程中的两大错误搬到乡村，即垃圾处理和污水处理。

现在城市大都垃圾围城，在城市郊区到处是垃圾填埋场和垃圾焚烧场。如果从源头对垃圾进行彻底分类，我们就没有垃圾了。

垃圾可以分成4类，即可回收物、有机废弃物、有害垃圾和其他垃圾。可回收物，指可以循环利用的部分，大约占25%；有机废弃物，在农村可以堆肥还给土地，大约占67%；这两项加起来就超过90%。

有害垃圾，像灯管、灯泡、过期药品和电池等，不到1%；其他垃圾不到10%。所以，从源头对垃圾彻底分类是关键。

乡村没有生活废水

现代城市的污水处理系统是人类文明进程中的一大误区，因为将粪便与生活废水混合。只要混合起来，就形成了永远都处理不干净的污水。

污水处理厂的产物有两种：液体叫中水，固体叫污泥。中水既不能饮

用，也不能洗漱，更不能灌溉我们的庄稼、蔬菜、水果，因为中水含有很多污染物。

中水只能用于冲马桶、马路上洒水除尘、洗车房洗车和公园小区绿化。但中水用到哪里，就祸害到哪里。街心公园喷泉，夏天喷的时候孩子们进去玩，对儿童身体会造成损害，但大部分家长都不知道。

污泥则是汇集了更多污染物的固体，污染物密度很高。填埋到哪里就污染到哪里，焚烧以后污染更严重。

中华文明数千年来，厕所都是五谷轮回之所，我们吃了来自土地的食物，把代谢产物还给土地，天经地义。

在村里，我们把屎尿与生活废水彻底分开，前者单独收集起来去堆肥。

经过有机处理后，农村没有生活废水。

怎么做到的？因为农民过的是有机生活。农民已经不再使用日化产品，如洗涤灵、沐浴露、洗发水等，全是生物制品了，如酵素、茶籽粉、无患子、皂角等。真正将生产和生活循环起来，所有的废弃物都得到了有效利用。我们实现了零垃圾、零污水、零污染的乡村。

2018 年，在耕读大学上过课的有 5000 多人次

乡村重建始于学校重建。我们用耕读大学和乡村学校，将文化文明注入乡村，从而引导农民，教育农民，复兴乡村。

2018 年，我们衡荣农业团队和全国各地 60 多位志同道合的专家、学者共同创办了耕读大学，为全域有机农业培养人才，为有志于乡村建设、乡村文化、乡村教育、乡村治理以及城乡融合对接的年轻人提供一个学习的平台。

耕读大学学制 3 年，全脱产。现在有 20 多位在校生，2018 年在耕读大学

上过课的有 5000 多人次。

乡村不是我们偶尔去旅游的地方，而是怀孕了可以养胎，产妇可以坐月子，儿童可以上学，青年可以创业，中老年人可以养生、度假和养老的地方，是人生全寿命足迹的落脚点。

人生哪个阶段都可以安逸居住的地方，这儿才是生活的天堂。当我们厌倦了城市钢筋水泥的丛林，回到乡村才会真正感受生态之美，心灵得以舒展，身体得以休憩，精神得以回归。

"有人星夜赶科场，有人辞官归故里"——这固然是中国数千年来文人士大夫的价值选择。如果将来有一天，不仅乡下人进城，也有城里人下乡，实现城乡双向流动，中国的乡村振兴才真正成为现实。

美国式现代农业是个陷阱

过去 30 多年，我们不自觉地掉入"美国式陷阱"之中。有主流观点认为，美国式的现代农业技术先进，模式先进，装备先进，远远比中国先进。

那美国作为先进农业的代表，生产水平如何呢？美国大概有 30 亿亩耕地，每年生产的农产品，一半养活它自己国家的 3.2 亿人，一半出口再养活 3 亿多人。也就是说，30 亿亩耕地养活不到 7 亿人，每 4.3 亩地养活 1 个人。这就是美国式的现代农业的生产水平。

如果我们效法美国，在现代农业的道路上将越走越远，那中国 18 亿亩耕地只能养活 4 亿人，剩下近 10 亿人就没饭吃了。我把这个问题称为"美国式陷阱"。

其实，早在 110 年前，就有美国土壤物理学之父富兰克林·H. 金到中国来取农经。他是威斯康星大学的农业物理学教授，曾任美国农业部土壤局局长。

他游历了大半年，著书《4000 年农夫：中国、朝鲜和日本的永续农业》。该书介绍了中国等有机农业的先进实践，成为指导欧美有机农业运动的经典著作。

今天我们的 18 亿亩耕地，勉强养活着我们 14 亿人，靠的就是，我们一直认为落后弱小的小农经济。

中国人的饭碗，要想端在自己的手里，一定得用我们中国人自己的智慧。

我们有两大法宝：

一是全域有机农业，形成一个完整的有机生态产业循环；

二是有组织的小农经济模式，或者叫充分尊重个体权益的集体经济模式。

为什么投资农业的人大多会失败

做农业原本是农民的事，种粮种菜，养猪养鸡，活该农民干，钱该农民赚。

企业和资本想进入农业，一定要做农民做不了的事。

比如技术研发、系统集成、产品加工、市场营销，这些农民做不了或做不好的事，企业可以来做，与农民形成互补共生的关系。这样，农民的日子过好了，企业自然也就好了。

现在很多投资农业的人大都失败了，他们普遍抱怨和农民处理不好关系，其实不然。

第13期天使百人会人文大讲堂活动合影

我们不能和农民抢饭碗，农民能干的活，企业不要干。因为企业干农民能干的活，成本要比农民自己干高很多。

我们不要零和博弈，而要合作共赢。这样，投资农业才有希望。

从短期看，投资农业或许很有风险；但从长期看，以及从中国经济的发展来看，农业才是投资的沃土。

种子公司为什么卖"断子绝孙"的种子

种子是（有机）农业的关键要素之一，种子和土地决定了一个国家的未来。我们目前提倡自留种，选优留种。

对于国家来说，种子是最不应该商业化的一种物资。种子商业化后，种子公司只能卖"断子绝孙"的种子。因为育种过程非常复杂，既费时间，又费人力，还耗费大量的资金。

如果让一家种子公司，少则十几年时间，多则二三十年时间，培养一种种子，让它只卖一次，农民就都能自己留种，那这家公司肯定要"关门"。

它只能选择那些不能留种的种子来售卖。采用一些必要的技术手段，让它不能留种，农民只能年年买种子。

有些国外种子公司，采用技术让你只能买他的种子，后果更可怕了。当然，不是所有的杂交种，都不能留种，而是作为商品的种子不能留种。但这样将给国家带来一定的风险。

因为对于一个国家来讲，种子越分散，社会越安全。如果7亿农民手里都有种子的话，那我们的国家不会因为种子而出现战略性问题。

如果我们的种子被掌握在少数大的种子企业手中，就会存在隐患。一旦爆发战争，只要毁掉我们的种子库，后果会很严重；更何况，如果掌握在国外大企业手中，只要他断供种子，后果更是不堪设想。这比高端芯片被卡脖子更严重，因为我们可以不用高端芯片，但我们不能不吃饭。

乡村学校要办得比北京人大附中还要好

乡村学校

人文社会回归，通过教育解决人心的问题，才是乡村振兴最根本的问题。

乡村衰败有两个重要原因

我们乡村的衰败始于 20 世纪 90 年代。因为在村里赚钱少，赚钱难，农民纷纷进城打工。

不过，让乡村走向衰败的最后一根稻草，则是 2001 年开始席卷全国的农村中小学撤点并校，把一些村里的小学校撤掉，合并到一些大村或乡镇政府所在地。

但是，一个乡村一旦没了学校，也就没了灵魂，迟早会消失。乡村要振兴，要从恢复乡村教育开始，但又不能简单地恢复我们现在体制内的学校。

如果简单复制，城里学校一定比乡村学校好得多。这种教育不均衡，会进一步拉大城乡差距，乡村振兴依然无望。

既要教孩子做人，又要教孩子做事

乡村要办什么样的学校？我们要一步到位，要办比北京第四中学、中国人民大学附属中学还要好的学校。这听起来是天方夜谭，但实际上做起来并不难。

因为体制内的学校，有些既不教孩子做人，又不教孩子做事，只教孩子学习考试，考上大学就完了。而我们办的乡村学校既要教孩子做人，又要教孩子做事，同时还要教孩子学习科学文化知识。

北京大学有位心理学教授，连续多年对北京大学一年级新生做过调查，最后统计结果是，40% 多的新生有厌学倾向，30% 多的新生有自杀倾向。大家想想，这多么可怕！

我的身体我做主

前些年富士康有工人跳楼，当时我们觉得富士康是血汗工厂。其实不然，是我们 K12 的教育出了问题，让孩子们的心与生命的本质失去了连接，与自然失去了连接，与乡土失去了连接，不知道生命的价值在哪里？

《孝经》云，人之发肤，受之父母，不敢毁伤，孝之始也。我们中国人读了 2000 多年《孝经》，但近百年来读得越来越少了。今天的孩子们，我的身体我做主，个别极端的孩子不高兴就跳楼。

个别考不上大学的人到富士康跳楼，也有个别考上大学的在校园里面跳楼；大学毕业以后的精英人才，到了工作岗位，遇到一些小小的挫折，还有人轻易结束自己的生命。

由此可见，现在的孩子心理是多么脆弱，这到底是哪儿的问题呢？难道与教育无关吗？！

有不少城里人已经带着孩子住在村里上学了

在村里要恢复教育，一定是以中华传统文化为基础，融合全人类的文明成果，而不是简单地学国学，一定要文明其精神，野蛮其体魄。既要有我们老祖宗的东方智慧，又要融合西方的自然科学。

我们在村里办学已经 5 年了，效果还不错。有不少城里人已经带着孩子住在村里上学了，就是要亲近自然，亲近乡土。有了这样的学校，乡村才可以重新成为儿童成长和教育的天堂。

传统文化在儿童教育中扎根后，以小手拉大手来复兴乡村文化，就行之不远。有琅琅读书声的村庄才更有文化，更有凝聚力，也就更有了生命力。

第 3 章

天使百人会家人说

李志胜：企业家投资不会"撒胡椒面"

天使百人会 TMT 专家委主任，天使百人会桥牌俱乐部副部长，北京移数通电讯有限公司董事长，享受国务院颁发的政府特殊津贴；浙江大学学士，湖南大学国际商学院 EMBA。

企业家投资人与专业投资人的投资理念不太相同。专业投资人以投资为主，他们投资一个项目，也就是一个案例（Case）；但企业家以实业为主，他们投资一个项目，会经过慎重选择，一定是能与自己的企业发生"化学反应"，构筑上下游产业链，从而提高企业的整体竞争力。

企业家投资不会"撒胡椒面"，集中度较高，因为难得投一个，通常会投得稍微重一点。

天使百人会 TMT 专家委实力非常强大，咱们不仅有好几个新三板挂牌公司，还有主板、创业板上市公司，像刘泉副主任的国联股份（股票代码：603613）、林菁委员的佳讯飞鸿（股票代码：300213），他们都将对我们的合作投资与产业合作形成强大的支撑。

宋旭岚委员，和君咨询合伙人，是管理方面的大家，特别善于制作产业生态版图，帮助企业寻找到最佳发展路径。我们会委托她牵头率先制作天使百人会 TMT 专家委产业生态版图，然后再推及整个天使百人会。

侯清富：数字货币投资会出现井喷

天使百人会 TMT 专家委副主任，上海贝利多企业咨询服务有限公司 CEO；北京邮电大学信息学博士，中国科学院心理研究所心理学博士生。

我个人背景比较单纯，就是一位信息技术专家。迄今为止，我们所有做的投资都是法定货币投资，不管是人民币、美元还是其他币种。

但由于信息技术的发展和区块链技术的应用，数字货币（加密货币）的发展会加速。

现在中美两国呈长期对抗性博弈，大型企业或经济体之间的经济互动会受到抑制，但民间与个人之间的经济交往不会消亡，或许经历前期抑制后会出现反转而高速增长。这迫切需要一种新的支付体系和结算体系，从而催生一类新的货币形态、新的支付渠道、新的交易方式的出现。

因此，数字货币的出现，为投资操作提供了一种新的可能。

刘小鹰：AI投资已经进入深水区

天使百人会AI投资委主任，老鹰基金创始合伙人，中国长远控股董事局主席（股票代码：0110.HK），新龙脉控股集团合伙人，硅谷F50基金合伙人；香港中文大学新亚书院校董会成员，爱尔兰国立大学资讯科技硕士甲等荣誉学位，哈佛商学院风险投资课程研修毕业。

老鹰基金成立了不同阶段的基金，由于我本人不仅对天使投资感兴趣，而且对科技更感兴趣，所以，后期老鹰基金我让其他专业投资人去打理，但天使基金则是由我本人亲自上阵。

为此，我给自己的标签是"科技天使"。

我的投资组合有多个AI创业项目，也碰巧从天使投出了一个AI独角兽——影谱科技。我对AI领域投资有一点认知和资源，主要布局计算机智能里面的大数据和深度学习。

纵观AI投资领域，目前已经进入了深水区。底层技术类项目估值已经很高，未来我们应该多关注应用层，主要有五大领域：视觉智能、语音智能、自动驾驶、智慧生活、智慧医疗。

天使百人会AI投资委有很多投资大佬，像AI投资委副主任沈康麒投出了"智行者"无人驾驶独角兽，陈剑峰副主任属于大数据方面的资深专家，万松副主任也投资过很棒的AI项目。相信我们AI投资委将来一定能带领天使百人会合投出优质的AI项目。

陈剑峰：我们要降低预期值，提高满意度

天使百人会 AI 投资委副主任，北京汇智大河投资管理有限公司管理合伙人，1898 咖啡馆联合创始人，北京大学首届 EMBA 校友会理事，北京大学 EMBA。

天使百人会作为社会组织，每个会员都是各自企业的"老大"，在公司都是自己说了算。现在大家到了天使百人会，要一起形成共同意志，这是比较困难的。

在我看来，天使百人会藏龙卧虎，精英荟萃，凝聚力和向心力都特别强，实际上我们已经做得非常好了。因此，我们要降低期望值，提高满意度。

发展路线已基本确定，关键是核心干部要在大家力所能及的范围内一起做点事情。我会和其他副主任共同配合刘小鹰主任，把天使百人会 AI 投资委做起来。

吕生：企业家投资人可以让创业者少踩一些坑

天使百人会智能制造专家委主任，天使百人会深海钓俱乐部部长，天使百人会文艺俱乐部部长，北京华科德科技有限公司总经理，北京三十九投资顾问有限公司董事长，北京航空航天大学学士。

我在智能制造领域做了近 20 年，前 10 年做石油设备，后 10 年做红外热成像军工项目。

前 10 年做"贸工技"，当年石油事业发展势头很猛，成品油价格非常高，而我做石油设备的国际贸易。

后 10 年做"技工贸"，投身实业。从事红外热成像军工项目的研发和生产，提供可靠稳定的红外侦查、观测设备，助力国防建设。

因为拥有这么多年在智能制造领域的实业经历和投资经历，我对智能制造领域的项目，包括芯片、算法、软件等的判断比较有感觉，基本能准确判断项目在什么阶段。

对创业项目而言，从开始发起到最后能不能产业化，能不能 IPO，其间还有很长的路要走，也不可避免会遇到很多坑。

企业家投资人最大的优势，在于我们都是从市场上摸爬滚打过来的。所有做企业的那些坑我们都踩过，所以，我们有能力帮助年轻创业者少走点弯路，少踩点坑。

刘镜辉：我回归汽车行业，重新创业

天使百人会理事，天使百人会投资学院课程委员会副主任，天使百人会智能制造专家委副主任，天使百人会户外俱乐部副部长，德载厚资本创始合伙人。清华大学本科和硕士毕业，美国西北大学克洛格商学院管理硕士。

曾经我在世界 500 强企业约翰迪尔工作，担任约翰迪尔中国公司的法人代表及董事长。我们有 5 个工厂，2000 多员工，包括农业机械、工程机械、高尔夫设备等方面的产品。2020 年 6 月，我辞职离开了约翰迪尔。

现在我与 5 位朋友合伙创办基金，其中 4 位是清华大学汽车系校友。我们基金的名称是"德载厚"，与清华大学厚德载物校训同出一门，自带清华基因。在募集一期盲池基金的同时，我们已经发了 3 只单项目基金，投了 3 个项目。

我在约翰迪尔工作 20 多年，为什么要投身汽车行业？何以说回归呢？其实，我是学汽车专业的。我从清华大学毕业后前 8 年都是在汽车行业，即在当时的中国汽车工业总公司工作。

汽车行业体量大，从芯片到原材料、到生产制造、到服务、到设备等，我们选择哪个点切入呢？实际上，我们选择投资了汽车的"新四化"，即电动化、智能化、网联化、共享化。

全球汽车行业正迎来前所未有的变革，"新四化"转型将深刻重塑产业格局，以特斯拉为代表的造车"新势力"给传统汽车产业带来了颠覆式挑战。我们基金目前主要投资中后端项目，以后也会投资早期天使项目。

我们专注投资汽车新生态，不投资整车制造，只投资汽车"新四化"的技术生态。这个产业链很长，我们投资什么都能与各领域委员会找到关联点。我们会把汽车行业优质项目带到天使百人会；如果大家有和汽车沾边的优质项目也欢迎推荐给我们。

唐传龙：医疗大健康投资迎来黄金期

天使百人会理事，天使百人会医疗大健康投资委副主任，北京华光公司董事长，FDS中国资本董事合伙人，老鹰基金管理合伙人，海鹰基金（美国）创始合伙人，北京理工大学硕士。

前10年是TMT投资黄金期，现在医疗大健康投资迎来黄金期。为什么？

主要有三个原因：

一是新型冠状病毒肺炎的肆虐，疫情给人类带来危机，也给医疗带来巨大的挑战，从而给医疗大健康投资带来巨大的机遇。加之原有三大疾病（高血压、高血脂、糖尿病），心脑血管和癌症，还在威胁人类健康，医疗支出会越来越多。

二是中国老龄化进程不断加速。

三是美国医疗投资在GDP占比大大超过中国，所以我们成长空间还很大。

但这个领域专业度要求很高，所以，我们要充分发挥天使百人会医疗大健康投资委和大健康专家委的专业力量，一起带领大家合投出好项目。

李雨龙：我主要投资口腔科的上下游产业

天使百人会医疗大健康投资委副主任，北京天域金源投资管理有限公司董事长。

我的主业是律师，副业是投资。个人天使"子弹"有限，我的投资重点布局在口腔科和儿科的上下游产业，聚焦医疗服务和医疗信息化领域。我投资的医疗项目有美年健康（股票代码：002044）和欢乐口腔等。

硅谷经验表明，不管是成功的创业也好，成功的投资也好，普遍存在"三个正确"：

首先是正确的时机。

其次是正确的创始人和创业团队。

最后才是正确的事情。

我复盘本人这些年投资失败的案例，很大原因是：创始人的领导力不足以支撑起自己的项目。这是我自己真金白银换来的教训。

为此，我在北京大学国家发展研究院的博士论文，特别选择了这样一个研究课题——"创业者的人格特质和社会资本对其创业成功的影响"。

目前，我正对创业者进行问卷调查和访谈，请各位主任多多支持。等研究成果出来后，我会分享给大家，相信会对我们今后的投资有所帮助。

尹科：我为什么要从 IT 跨界做大健康

天使百人会大健康专家委主任，北京英富森软件股份有限公司董事长，中关村杰出新三板企业促进会会长。

我是通信出身的，做信息通信业务快 20 年了。我对自己有个画像，"当过兵，扛过枪，到过中央，再下海创业，都是做 IT 和 TMT。"

为什么做大健康呢？实际上这是跨界，我还自学了医学。因为我从小练少林童子基本功，又练少林武术，再练太极，后来自学中医、《易经》，形成自己一整套对大健康的认知体系。

从我的理解和体会，大健康就 4 个字——医、养、健、管。养是基础，健和管在中位，医是上位。

美国的健康产业是正三角，从下到上，养占 60%，健占 20%，管占 15%，医仅占 5%。

但中国则是一个倒三角，从上到下，医占 95%，养、健、管仅占 5%。

现在卖保健品的很多，为什么卖保健品能赚钱呢？据专家观点，正规保健品真的有效。

因为这些都经过国家药品监督管理局审批，具有一定的功效。只不过有些厂家把价格炒得太高、功能夸得太大。

我们大健康专委会的定位有两点：

首先，协助咱们联席委"医疗大健康投资委"做好投资；

其次，保障天使百人会会员健康。

我认为，大健康涉及三个层面：

一是个人的健康。

二是家庭及家族的健康。

三是环境的健康。

其实，90%以上的健康问题都是由生活习惯不规律或不合理导致的。要想健康，首先要树立正确的健康理念。等有合适的机会，我愿意为天使百人会做一次分享，介绍我这么多年在大健康领域的理论、实践和探索。

陈冬牛：我家人说，天使百人会是不是骗子

天使百人会大健康专家委副主任，北京好乐士健康顾问有限责任公司创始人、执行董事兼总裁，北京昭光大众健康研究所联合创始人、所长，心之家科技发展（北京）有限公司联合创始人、董事长。

2020 年新型冠状病毒肺炎疫情期间，我每周都坚持参加天使百人会线上活动；疫情后期，我每天日程里也排上了天使百人会各种线下活动。

我家人抱怨说："你过去总说，跟这个哥们儿办事喝茶，跟那个朋友聊天打球，现在可倒好，天天都是天使百人会活动，天使百人会是不是骗子啊？"

为什么我这么黏天使百人会呢？因为我在这里能感受到一种正能量，感受到一种人与人之间互动的亲切。

譬如"天使百人会让大家认识大家"线上分享活动已经进行了 113 场，每场分享都让我听到了一个同时代伙伴的精彩创业故事。让我感同身受，激情澎湃，这是在其他组织很难得到的精神享受。

我和尹科主任一样，都是跨界做健康。2020 年是北京理工大学 80 周年校庆，也是我们管理学院成立 40 周年，我就是管理学院的创始本科班学生。

我是科班管理专业出身，用管理思维在健康领域做了 20 年，越做越觉得有意思，越做越觉得有意义。

虽说我们是跨界做大健康，但我认为，医学院科班出身的医生还真做不了大健康。因为他们专业从医，专注在医疗，或许很容易把大健康做"小"了。

"投资到百岁，健康到百岁，幸福到百岁"，这是天使百人会的"三百文化"。

投资是事业，幸福是目标，只有健康才是基础。咱们大健康专家委重任在肩，一定不负众望，为天使百人会所有会员做好健康保障。

秦少博：投而优则机构

天使百人会 ICT 投资委主任，天使百人会投资学院课程委员会委员，基石基金管理合伙人，融资中国"2019 年度杰出创新人物 TOP30"。

天使百人会要想提高大家的天使投资能力，必须绑定机构。为什么？有个很明显的趋势，像天使百人会常务副理事长、中关村大河资本创始合伙人王童这种"大神"，就是"投而优则机构"的范式。

个人投资能力强，开始个人散投，后来就会做一只基金，成为管理人。而天使百人会理事、德载厚资本创始合伙人刘镜辉也在投资机构化的路上。

我们要提高天使投资的成功率，必须依靠机构的理性；加大风险控制能力，才能确保成功率。

天使百人会的工作抓手有两个，首先，我们要鼓励会员投资机构贡献投资能力。因为机构有很多成本，养了二三十人团队，天天在做尽职调查，天天在研究趋势和项目，对项目的判断能力和对风险的把控能力都比个人天使强多了。其次，我们要鼓励会员投资机构贡献自己的优质项目。

根据二八原则，一个基金里边必须有 20% 的优质项目，贡献 5 ~ 10 倍收益，覆盖整个基金成本。

如果机构投资的是后期项目，前面已经有 N 个机构进去了，也就是有 N 个机构背书。个人很难参与，但作为天使百人会，我们可以设计合理的机制由咱们会员机构带进去。

王文庆：芯片行业投资将"水深火热"

天使百人会理事，天使百人会 ICT 投资委副主任，北京红实天地投资有限公司创始人、总经理，韦尔股份（股票代码：603501）的天使投资人。

我扎根于半导体，在芯片行业工作了 20 多年，所以比较关注这一块。芯片行业最近特别火，在我们看来可能火得有点过了。

实际上这是一个非常传统的行业，现在科创板给了它一个腾飞的机会。我们国家过去十几年来投资的芯片项目，只要有一定规模，要么已经上了科创板，要么在申报的路上。

体量特别大的芯片项目并不多，大部分都是一年大概两三亿元收入，4000万～5000 万元利润，但是 PE 值已经炒到了 100～200 倍以上，这不太符合行业规律。

从全球角度来看，芯片行业必须规模化。只有足够的规模，才能有新产品研发的持续投入能力。但行业更新迭代太快，如果不能持续进行产品研发，就很难确立自己的行业地位和成长性。

从过去几十年来看，芯片行业增长也没那么快，大多数都是个位数增长。芯片产品研发周期长，又是电子类产品的上游，需要在最终产品上验证，所以量产周期很长，投资难度非常大，产业链也非常长，一个环节出问题就会互相影响。

因此，对芯片行业来说，不是我们投资了马上就能国产化，而是需要很长时间来积累，这是芯片行业发展的客观规律。

2020 年新型冠状病毒肺炎疫情，加上中美博弈，芯片行业表现尤为抢眼，到第三季度结束时，大概有 16% 的增长。但是中国一年大概有 3000 多亿美元芯片的需求量，而真正国产供应量可能不到 15%，缺口就是我们的成长空间。

未来 20 年，中国的芯片行业都会有好的投资机会，但要擦亮眼睛。"水深火热"将会是芯片行业投资的写照，行业的水很深，投资会持续过火，我们一定要"小心 + 谨慎"。

郭延生：把工作重心从天使投资人转向创业者

天使百人会理事，天使百人会投资学院副院长，天使百人会教育投资委主任，北京银河汇智投资有限公司总经理，融道（海南）股权投资基金管理有限公司董事长，中欧国际工商学院EMBA。

2020年这一年，我个人其实觉得挺难熬的。新型冠状病毒肺炎疫情让很多行业都备受摧残，但也有少数行业却不降反升，教育便是如此。

因为我主要负责教育领域的投资，接下来带领大家思考以下问题。

第一，中公教育2019年借壳上市，大家会问中公为啥值2000亿元？职业教育出了一个中公，所有职业教育的从业者都会被激励。

第二，好未来为啥值3000亿元？

第三，那个到处打广告的猿辅导，为啥今年在疫情期间还能融资10亿美元？火花思维能融资3亿美元？

过去教育行业为什么都没在A股、B股上市？K12都在美国上市，职业教育都在香港上市，现在中公借壳上市成功，打开了整个中国资本市场对教育投资的大门，而中国教育科技公司近期也会陆续上市，成为一个又一个新亮点。

天使百人会要转变思维，从为天使投资人会员服务，转向为创业者服务。只要把我们的服务重心往创业者靠近，天使百人会未来的天使投资能力一定会稳步提升。

余紫秋：我和天使百人会是"先结婚后恋爱"

天使百人会文消投资委主任，和光投资管理公司创始合伙人，北京紫京汽车设计有限公司董事长。

我与天使百人会属于典型的"先结婚后恋爱"。因为我加入时间短，是天使百人会的一名新兵，却被推举为"文消投资委主任"，我感到非常荣幸，也非常惶恐。

2020 年新型冠状病毒肺炎疫情稍有缓解后，咱们文消投资委搞了不少活动，不仅访问了周青委员的"朗诗乡居"和江曼委员的"又见炊烟"，还讨论了几个商业项目的合作，并多次互相交流和探讨，收获很多。

我们希望把文化、旅游、体育领域的天使投资真正做起来，希望在 2021 年 6 月前有实质性的进展。

我们戏称自己是"在投资中吃喝玩乐，在吃喝玩乐中投资"。文化、旅游、体育与每个人的生活都息息相关。要想过上有声有色的生活，那就赶紧多投资一些文化、旅游、体育项目吧！

庞卓超：意义是个产业

天使百人会文消投资委副主任，天使百人会户外俱乐部部长，嘉和传播董事长，呦嚯文化创始人，北京大学 EMBA。

我们文旅体育投资委，在天使百人会显得有点另类，不像其他领域委员会有很高的"黑科技"含量，投好了项目的价值会大爆发，通常有非常理性的投资逻辑；但我们感性会多一些，一些有希望的项目也在不断积累中。

投资的机会是有的，文化、体育、旅游，这三个加在一起，其共同点就是挖掘其精神内涵。

2019 年，我国人均 GDP 突破 1 万美元大关。"大消费"中会逐渐显露出一个趋势，人们对物质财富的渴求不会再那么高歌猛进，而对精神消费会越来越在乎。

消费是生活的一部分，意义是消费的一部分，这个意义就是消费品中的精神含量，这就是我们文旅体育投资委的机会。

举个例子，我从天使百人会基金合作委主任孙国富那买了 5 坛山西老酒，本来有 3 坛是留给我自己的，但很快被别人强迫买走了。

为什么？因为我在群里刚发了喝酒时的照片，就有朋友看见后说："老庞，你得给我弄几坛。"原来他喜欢的是那坛子上的酒标设计，这个酒标设计得像山西老票号，非常有晋商文化的意味。酒还没喝到，他却先欣赏那个意义了。

"大消费"在未来 20 年将有巨大发展，与咱们文旅体育投资委定位非常契合，我们希望能把"大消费"也放进来，全名为"文旅体育大消费投资委"，简称"文消投资委"。

周洛宏：我们能拿到性价比高的优质项目

天使百人会常务理事，天使百人会种子基金创始管理合伙人，天使百人会高校投资委主任，乾丰基金董事长，历届中国"互联网+"大学生创新创业大赛"筹办工作贡献奖"获得者，中国"互联网+"大学生创新创业大赛冠军、亚军、季军项目导师/孵化投资人，UTA（University of Texas at Arlington）管理学硕士。

天使百人会高校投资委深度参与到中国"互联网+"大学生创新创业大赛及其他大学生创新创业大赛中，我们离高校创业者很近。

我们走进高校、走进校友会，面对高校教授、在校生、校友的创业项目，作为创业导师，我们对这些项目进行孵化培养，在项目辅导过程中筛选和投资项目。

由于交流充分，我们帮助创业团队解决了很多关键问题，彼此互信度很高，投资、投智和被投资就水到渠成了。

我们多年深度参与中国"互联网+"大学生创新创业大赛的校赛、省赛、国赛，同985、211高校和省属院校建立了良好的关系。

我们公益帮助高校完善创新创业教育体系，同时投资有潜力的创业项目，把公益行动和我们的投资主业结合起来。我们的投资领域包括AI、数字新媒体产业（TMT）、信息通信技术（ICT）、新材料、高端制造、大健康、教育还有文旅等，覆盖面比较广，我们高校投资委很高兴与各领域委员会深度合作，共享资源。

中国"互联网 +"大学生创新创业大赛从第五届开始,增设了一个新组别"师生共创组",其中有很多院士和知名教授的项目,涉及的技术大都是国内或全球领先的,但如何落地、如何产业化却令这些科学家头疼,这恰好是咱们天使百人会投资人可以发力的地方。

范津涛：西藏之水可以缓解中国的水危机

天使百人会理事，天使百人会家人产品服务委主任，天使百人会节能环保专家委副主任，北京云创共享科技有限公司董事长，中诚科创科技有限公司董事长，西藏国策环保科技股份有限公司副董事长，北京中关村通信网络发展有限责任公司总经理，澳大利亚国立大学 EMBA。

我是 IT 出身的，曾在爱立信公司工作了 10 多年，后来跨界做环保，和大学同学一起创办西藏国策环保科技股份有限公司（简称"西藏国策环保"），也做了 10 多年。

2020 年 3 月，我国成立了一家巨无霸企业——中国南水北调集团有限公司，注册资金 1500 亿元，原水利部副部长蒋旭光任法人代表。可见，政府高度重视水资源的调配。

其实，早在 15 年前，就有一本书《西藏之水可以救中国》，探讨了水资源的调配，以及利用西藏之水来改善中国的生态格局。

但是，如果要保障西藏水源的纯净，首先要保护水源地。西藏国策环保一直在做水资源的保护工作。我们清运了大约 70% 的西藏珠峰大本营的垃圾。在海拔 5400 米的珠峰上，有 20 多名藏族员工用牦牛收集垃圾，然后压缩运下山。

咱们户外俱乐部副部长周和平曾登顶珠峰，我当时还和他开玩笑："珠峰垃圾是我们回收的，你还没付钱给我呢！"

天使百人会是个有情怀的组织，我们单个公司的力量毕竟有限，希望能汇聚咱们组织的力量共同来做这件事。

譬如，我们可以和文消投资委一起，与周和平一道，把西藏珠峰垃圾做成纪念品，变废为宝。

这样，不仅可以保护西藏脆弱的生态环境，而且能帮助当地藏民脱贫致富，同时还可以弘扬天使百人会的品牌，让咱们的品牌影响力海拔直接提升5000 多米高。

肖立杰：过去是游击队，现在是正规军

天使百人会监事，天使百人会企业服务委主任，大华会计师事务所合伙人，中企长宏资本董事长，北京中鼎盛税务师事务所董事长，财智恒通投资管理（北京）有限公司董事长，美国洛杉矶会计师事务所（xlcpa，Inc.）合伙人，美国教育公司（American solutions，Inc.）董事长，获评"中关村领军人才""全球杰出华人"荣誉称号。

天使百人会企业服务委的服务力量很强大，我们不仅有知名律师、知名会计师，还有知识产权和管理方面的专家。

过去我们是游击队，现在是正规军。我们企业服务委会聚了天使百人会各专业大佬，可以为本会合投企业和广大会员企业提供全方位、一站式专业的整体解决方案，拥有强大的企业服务能力。

具体而言有三方面：

一是我们可以贡献项目资源。

因为无论做法律还是做财务工作，都是和企业打交道，也就是和项目打交道。我们可以选择优质项目，提供到天使百人会平台来合投。

二是合投前，我们可以提供专业意见，帮助投资人做尽职调查。

三是合投后，我们可以提供专业的投后管理、服务和赋能。

孙国富：等到基金规模 50 亿元，我才稍微轻松点

天使百人会基金合作委主任，天使百人会木工俱乐部部长，华澍资本创始人兼 CEO，清大华澍（厦门）投资管理有限公司董事长，中国社会科学院金融博士，清华大学精密仪器系工学博士。

我由天使百人会副理事长曲敬东推荐加入本会已有 5 年了。这 5 年恰好也是我们华澍资本的初创期，所以这期间我特别忙。

等到我们公司管理基金规模达到 50 亿元，我才能稍微轻松点。现在已经 30 亿元了，不久就能够完成 50 亿元的目标。

我认为天使百人会应该促进以下三个方面的合作。

一是基金管理人之间的合作。

我提议成立"天使百人会基金合作委员会"，已获常务理事会批准，并有幸被任命为首届主任。我会腾出精力和各位副主任一起把基金合作委员会做好。

二是产业间的合作。

天使百人会合投的企业、企业家会员企业、会员投资的企业，如果这些企业是同一个领域的上下游或相邻领域的上下游，那么就可以进行产业间的合作。

三是项目方和投资方之间的合作。

与其说一个投资人找到了一个好项目，不如说一个好项目吸引到了一个好投资人。

只要项目品质够好，钱就会涌进来。但是如果项目不够好，钱就会走掉。我们需要努力建立一种机制，筛选出优质项目来合投，这才是天使百人会基业长青的一个重要业务基础。

郭旭升：我们要打造"天使百人会的创业大学"

天使百人会理事，天使百人会投资学院课程委员会主任，天使百人会 TMT 投资委委员，云石资本（Cloudstone Venture Fund）合伙人，蔚源创投合伙人，北京大学校友创业联合会创始理事，1898 创业咖啡联合创始人。北京大学理学学士，北京大学 EMBA。

2020 年上半年，我主要做了一件事，为创业者写本书。因为我曾给北京大学等学生创业者讲过几次课，当时北京大学双创学院领导听后，建议我写一本教材，让更多的创业者受益。

我现在正在加紧写，已经与出版社签约，争取明年早些时候出版。其实，这些都是为了将来能做系统的创业培训打下的基础。

天使百人会现在可以发力创业培训。

首先，咱们投资的创业者是持续的生源，可以为他们提供持续的服务，那些已经长大的创业项目的创业者也可以请回来传经送宝。

其次，我们主要面向社会招生，借助天使百人会的品牌影响力，可以吸引一批真正在创业的年轻人来学习。

对创业者来说，他们接受培训不是全部目的，而是与天使百人会的众多天使投资人建立紧密联系，从而获得天使投资人的资金、资源、指导和帮助。

我们不仅有投资"大咖"，还有实业"大咖"；不仅有理论基础，更有实践经验。我们有得天独厚的创业培训师资力量，完全可以打造出"天使百人会的创业大学"。

李美柯：我加入认证群源于 2018 年天使百人会年会

天使百人会企业服务委委员，江苏法德永衡律师事务所创始合伙人，江苏省律协金融证券委员会委员，南京市仲裁委员会仲裁员，解放军南京政治学院学士，北京大学金融学硕士。

1999 年我开始做律师，到现在已 20 多年了。我一直从事证券、股权投资、并购重组业务，坚持在诉讼第一线，诉讼为主，非诉为辅。

在这么多年做证券投资法律业务中，我见过太多投资纠纷。企业家与法律的命运休戚相关。

有些企业家在事业上升期，往往因为一个协议没签好，或者一个官司没打好，直接断崖式滑到谷底，自己的人生轨迹从此被改写。

有一位江苏企业家因为项目纠纷打官司，在北京待了十几年。其间，他在北京买了几套房，结果，官司没打赢，公司破产了，但他买的房却赚钱了。这幕人间悲喜剧，恐怕也不是他想要的结局。

我之所以通过执委绿色通道加入本会认证群，是因为 2018 年的天使百人会年会让我非常震撼。

年会相当于一个组织的一面镜子。通过这次年会，我更加了解了这个组织。

2018 年天使百人会年会给我三点感受：

第一，格局很高。

乔迁理事长在主旨发言时，号召大家要感恩祖国，回报社会。这是一种思想的高度，而不是什么事都只考虑自己的一亩三分地。

第二，内容很丰富。

不仅有优质的项目路演，还有各位大佬的分享，包括穿越塔克拉玛干沙漠和登顶世界第六高峰。

第三，组织很严谨。

作为律师出身，我特别认可严谨。你越严谨，我越认可。一个严谨的组织才有可持续发展的未来。

我的愿望是：

首先，我多参加一些活动，获得思想的提升。

其次，参加天使百人会合投，并跟投一些优质项目。

最后，结交一些志同道合的朋友，希望自己转型为天使投资人。

王宁宁：我希望在天使百人会交好朋友，投好项目

天使百人会 AI 投资委委员，北京国科融盛科技集团有限公司总经理，全国科技振兴城市经济研究会科技金融专委会副主任，厦门数字智造工业研究院副院长，中国社科院金融博士班海峡校友会会长，比利时联合商学院北京校友会副会长，坚持企业家俱乐部合伙人。

她安静平和，讲话始终面带微笑，很有江南女子的温婉。

当你听了她的打拼经历时，就会相信她是个地地道道的闽南人，骨子里有着爱拼才会赢的精神。

4 年澳门国际银行工作完成人生的蜕变

我是厦门大学国际经济法本科保送硕士，毕业后在厦门国际航空港从事集团的法务工作。2004 年，当我决定转换"频道"时，同一天，接到心仪的上海涉外律师事务所和陌生的澳门国际银行的录用通知，3 天闭门思考后，我决定前往更具挑战性的澳门国际银行。

新婚 5 天后，我就前往澳门国际银行工作。虽然澳门回归已过去 4 年多了，但是澳门与内地的法律法规差异还很大，葡语法律的本地化过程还在进行中。我遇到语言不通、银行业务惯例不同、工作生活多方面的困难。

其间，我咬着牙坚持和挣扎着，甚至打过退堂鼓，但最终我坚持下来了。

经过 7 个月的坚持和努力，我实现了从量变到质变的突破，工作终入佳境。

我在澳门工作的 4 年来，每隔半年就得到升职或加薪，并获得最高级别的总经理奖。在这 4 年中，我一手组建了银行法律处、合规处和操作风险管理处。

在澳门国际银行筹备香港上市时，我被内定为两位董事代表之一。

其间，我见证了澳门经济的腾飞，自己也完成了从艰难到辉煌的幸福蜕变，并从此结束了自己的打工生涯。

我和投资的那些事儿

进入金融圈后，我购买过各种境外金融产品，包括很多高风险的衍生产品，真正收获了对金融的认知。2011 年到北京后，我开始做公司财富管理，也开始投资私募股权基金。

从 LP 到 GP，从投资模式到投资方向，大大小小的中早期项目投资了不少，我在探索中不断成长。

我对体系化的投资服务一直很感兴趣，从县域经济发展到县域产业投资服务。我现在和著名环保社会活动家孙丽萍老师一起，在黑龙江打造"产、学、研、销、金融、公益"六位一体区域产业生态助推系统的样本。

中国生态文明建设不仅处于窗口期，更位于攻坚期，绿色产业迎来了发展的黄金时期，我愿意付诸心力。

天使百人会是一个我心仪的组织

我加入天使百人会已经有些时日了，作为一位大群会员，我一直在观察、参与和体验。乔老爷（天使百人会理事长乔迁）的智慧和宽厚，胡雪琴秘书长的敬业和情怀，让我对这个组织充满了尊敬和期待。

这也是一个很讲规矩和规则的平台，各行各业的大咖会聚于此，营造了很舒服、友善的氛围。我希望在天使百人会，投好项目，交好朋友。此乃人生两大乐事！

第 4 章

天使投资人的故事

天使百人会走进流金岁月公司

周和平携带天使百人会会旗登顶珠穆朗玛峰

王俭：流金岁月如何首批进入新三板精选层

天使百人会 TMT 专家委委员，天使百人会高尔夫俱乐部副部长，北京流金岁月文化传媒科技股份有限公司（股票代码：834021）董事长、总经理，北大博雅大屏视听内容融媒体行业专家。

2020 年 7 月，是一个注定新三板在资本市场大放异彩的高光时段。在 8518 家公司中，32 家入选精选层；7 月 27 日，敲钟上市。32 家精选层公司，万众瞩目。其中，有一家是天使百人会 TMT 专家委委员王俭先生的公司——北京流金岁月文化传播股份有限公司（简称"流金岁月"，股票代码：834021）。

2015 年挂牌新三板，坚守至今

流金岁月是个追风少年。自成立起，每 1 ~ 2 年就会迈上一个新台阶。从他屡屡向资本市场冲刺，就可以看出这个少年的万丈雄心。2011 年，流金岁月在成都成立；2013 年，"落户"北京；2015 年，挂牌新三板；2016 年，迈进新三板创新层。

如果新三板一直很火爆，或许就没有后来的故事，但遗憾的是，流动性问题始终横亘未决，在新三板这个近万名学生的大班级，有些好学生就开始另寻出路。

流金岁月开始了两次 IPO 突围。2017 年 6 月，向中小板提出 IPO 申请；

2019 年 5 月，向创业板提出 IPO 申请。由于机缘未到，均予撤回。

新三板蛰伏待机，精选层成为新梦想

在新三板近万名同学中，流金岁月或许资质并不出众，但他无疑有着最坚定的目标和最坚韧的内心。流金岁月蛰伏待机，终于机会来啦！

2019 年 11 月 8 日，新三板全面深化改革的各项改革细则重磅出炉。从推出精选层到分层大幅降低投资人门槛再到修改交易规则，政策组合拳，一举解决了流动性顽疾。

在中国的多层次资本市场的主板、创业板、中小板和科创板中，新三板终于可以并肩而立。

原来新三板只有 2 个班级，一个基础层，一个创新层，现在又推出了一个新的尖子班，叫精选层。这个新班的大好前程是：只要好好在精选层待上一年，就能转到创业板或科创板。

流金岁月，这个创新层的 5 年老生，自然开始萌发新梦想，到尖子班，跨上精选层。于是，2020 年，流金岁月又开始了新一轮长征。

流金岁月顺利通关

2020 年 3 月 23 日，流金岁月召开董事会通过了相关决议，发布年报，正式吹响了向新三板精选层进军的号角。

其实，早在 2 月 17 日，流金岁月已向北京证监局提交了辅导验收申请。

4 月 3 日，北京证监局辅导验收通过。

4 月 28 日，向全国股转公司提交精选层挂牌申请。

4 月 29 日，收到股转公司"受理通知书"。

6 月 24 日，股转公司挂牌委审议通过。

6 月 30 日，证监会核准。

7 月 10 日，流金岁月完成了网下网上认购工作，股票公开发行认购成功。

股民用真金白银参与"打新"表达了对这个尖子生的认可。

新三板共有约 33.7 万股民超 112 倍申请参与认购，仅有约 6.4 万股民中签，中签率只有 0.89%。发行价 7.18 元，3000 万股，募资 2.154 亿元。7 月 27 日，正式开市交易。至此，流金岁月终于如愿以偿，在资本之路站上了一个新高点，将再次开启新征程。

据流金岁月员工说，王俭董事长是个非常慷慨的老板。公司只有 100 人，一半员工持有股份。管理层大都在一起共同创业 15 年以上，用王俭的话来说，那都是在市场上真刀真枪、一路拼杀过来的兄弟姐妹。

此次顺利通关，这不仅是王俭个人的成功，也是流金岁月管理层的成功，更是流金岁月普通员工的成功。

更重要的是，精选层的财富效应在流金岁月这家百人文创公司身上展现得淋漓尽致，也昭示了新三板新政组合拳的成功。

没有天使百人会，就没有流金岁月的今天

2013 年，流金岁月"落户"北京。"要做一家上市公司"，是王俭这名"北漂"给自己树立的远大目标。但流金岁月发展需要钱，到哪里找到钱？这成为王俭董事长的第一重任。

于是，就有了 2015 年，王俭与天使百人会的初次遇见。

2015 年 5 月，王俭董事长带着秘书徐文海与天使百人会乔迁理事长和胡雪琴秘书长第一次见面。虽然首次相识，但双方一见如故，相谈甚欢。

乔迁理事长将王俭引荐给自己出任 LP 投资人的基金——新龙脉 VC 基金 GP 管理人曲敬东先生。后来，刚好成都几位合伙人来京，曲敬东又与王俭和他的管理团队一起吃了一顿饭。

就这一顿饭，曲敬东投资了 540 万元，当时估值 3.78 亿元，这是流金岁月拿到的第一笔投资。据说，曲敬东连王俭的公司都没有去过，就转账给钱了。

因为乔迁、曲敬东都是本会发起人，王俭也从此加入了天使百人会大家庭，成为本会铁杆会员。

为什么一顿饭，曲敬东就投资流金岁月 540 万元？

"投资即投人，我看重王俭这个人。"曲敬东如是说。流金岁月的主营业务是文化产业的细分领域，原本很难上市，而 2B 业务对创始人素质要求非常高，但初次见面，创业者王俭的综合素质就打动了投资人曲敬东的心。

曲敬东始终对自己的投资对象王俭赞赏有加，充满信心。具体有三：

第一，他有极其丰富的从业经历，一路打拼，一路挫折，一路辉煌。

第二，他特别善于把握机会，对新事物保持极其开放的态度。

第三，他待合伙人如兄弟。当时管理层给我的印象是非常和谐，整体精神面貌非常好。这个朝气蓬勃的群体，是一起打拼了十多年的兄弟，他们迫切希望在流金岁月抱团大干一场。

就拿新三板来说，由于前些年沉寂，有些人耐不住就退出了，转而去闯创业板或中小板，但闯关未成，反而丢失了现在精选层的机会，而流金岁月始终坚守，终于迎来了峰回路转。

曲敬东说："在他骨子里，就是不抛弃、不放弃。王俭今天的成功是必然的，上精选层仅仅是他再次成功的新起点。今后，在更大的舞台上，他必将会绽放更大的光芒！"

周和平：我怎么让天使百人会的旗帜飘扬在珠穆朗玛峰

天使百人会智能制造专家委员会委员，天使百人会户外俱乐部副部长，北京巴龙机电科技有限公司董事长兼总经理，中欧国际工商学院 EMBA。

2019 年 5 月 23 日，在经过 10 个半小时的艰苦攀登后，本会资深智能制造专家委员会委员、北京巴龙机电科技有限公司董事长周和平成功登顶珠穆朗玛峰，并携天使百人会的旗帜在世界最高峰峰顶留影。

自 4 月 10 日筹备出征到 5 月 23 日登顶珠峰，历时 44 天，周和平不仅每天艰苦备战，而且用细腻的笔触记载了自己备战的点点滴滴——"一位天使投资人的珠峰路"系列连载，让人读来身临其境，获益匪浅。

珠穆朗玛峰号称世界第一峰，那是梦想和光荣、艰难和困苦、攀登和征服的神圣之地。挑战珠峰，成为无数攀登爱好者的人生梦想。

遗憾的是，我们经常会看到珠峰攀登者不幸遇难的报道。自从周和平发出第一篇备战文章后，天使百人会很多"家人"都为其捏一把汗，祈祷他平安归来。周和平显然艺高人胆大，"我们提倡专业登山，环保登山，安全登山"。

在登顶的那一瞬间，他在想什么？

"我不仅战胜了对死亡的恐惧，并且更加坚信，实现目标需要极大的付出，甚至牺牲。"

周和平是一位成功的企业家。他创办了北京巴龙机电科技有限公司，从事工业线束、工控系统、建筑电气等业务，主要客户为世界 500 强企业，他的资产达到数亿元。

周和平还是一位有情怀的天使投资人，他对工业制造情有独钟，希望通过天使投资来推动中国制造的转型升级。

周和平是天使百人会资深认证会员，早在 2015 年就加入了本会。怀着对本会的赤子之心，他提出要携带会旗登顶，在西藏拉萨赶制了一面。居然，真的梦想成真，让天使百人会的旗帜展现在世界最高峰！

看到周和平在珠峰展旗的照片，天使百人会的微信群迅速刷屏，大家纷纷表达对他的敬意、景仰以及祝贺和祝福！

我们已经把这张照片洗印放大悬挂在天使百人会的办公室，以此作为纪念，激励我们每个人都要向周和平学习，勇攀高峰。

周和平登顶珠峰，不仅是他个人的光荣，也是天使百人会的光荣，更是中国天使投资人的光荣！让我们再次向周和平致敬！

第 **5** 章

区域交流

天使百人会走进青山湖

天使百人会走进雄安

中关村天使投资人走进杭州青山湖

"创业不易，政府不能急功近利。我们要给创业者更多的试错机会，别的地方给你 1 次，我们可以给你 2 次。"

2020 年 8 月 28 日，在天使百人会回访交流会上，杭州市临安区委常委、青山湖科技城党工委书记蔡萌如是说。

同年 8 月 8 日，在蔡萌书记带领下，杭州市临安区青山湖科技城一行首次来到北京中关村参访天使百人会；19 天后，8 月 27 日，在天使百人会常务副理事长王童的带领下，天使百人会一行来到杭州临安——中国科学泰斗钱学森先生的故里，回访青山湖科技城。

25 人回访代表团

本次活动由天使百人会特别常务理事、深圳天使百人会会长朱跃龙一手促成。8 月 8 日，朱跃龙从深圳飞到北京参会；8 月 27 日，他又从深圳飞到杭州与天使百人会大部队会合，参加活动。

为什么要全力担任牵线红娘？

在 8 月 28 日上午活动收官之时，他揭晓了自己的另一个身份，即青山湖科技城的产业合伙人。

他认为，天使百人会的天使投资人资源、专家资源和项目资源对青山湖的区域发展非常重要，而青山湖的区域定位、政策优势对于天使百人会的区域拓展同样也颇有吸引力。

天使百人会共有 25 人参加，有领域会员代表，如医疗大健康投资委、大健康专家委、AI 投资委、ICT 投资委、TMT 专家委和智能制造专家委；也有区域会员代表，如深圳天使百人会朱跃龙会长和天使百人会上海发展中心邓健主任；还有本会部分合投企业代表。

令人感动的是，8 月 27 日，朱跃龙从深圳，刘镜辉从沈阳，黄华伟从郑州，昝贺伏从雄安，石继强从上海，天使百人会大部队 18 人从北京，而邓健、刘虎林更是 8 月 28 日一大早从上海亲自开车而至。大家从四面八方会聚杭州，只为了一个共同的目的——参加天使百人会回访青山湖活动。

"我投了 2 亿元，不自觉把自己也投了进去"

28 日全天活动，上午举行天使百人会合投项目和会员项目展示，下午进行天使百人会会员自我介绍。

我是谁？

我投什么样的项目？

我有着什么样的会员？

天使百人会全天两场活动圆满回答了这 3 个问题，这些答案折服了青山湖科技城的合作伙伴。25 位"家人"展现了来自北京中关村的中国一线天使投资组织的良好风貌。

天使百人会秘书长胡雪琴上午以长达 75 页的 PPT，下午又以有初心、有理想、有使命等"九有"组织完整地介绍了 8 岁的天使百人会的前世今生。

本会合投企业之一、华意诺斯新能源科技董事长李海龙，华为出身，以在飞机上临时构想的"1+3"全新视角介绍了这家新锐燃气物联网企业；另一家合投企业——鲨湾科技，其颇带科技范的联合创始人刘虎林总经理，则介绍了其时尚产品电动摩托车"蓝鲨"的布局和辉煌未来。

会员企业、李智勇的尚科办公社区则介绍了为创业者打造理想空间的种种魔法，以及他们与一些地方政府合作的成功案例。

另一家会员企业、来自未来科技之城雄安新区昝贺伏投资的梦巢互联网科技。

河北帅康集团董事长昝贺伏自称做了 45 年座椅，产品推广至全世界。与年轻创业者的意气风发不同的是，昝贺伏介绍得风轻云淡。他自称花了 2 亿元投资，不自觉把自己也投了进去，成为创业公司的董事长。

譬如梦巢互联网科技，其产品智能陪护床是住院陪护家属的刚需，实际上是一张智能化折叠座椅，而帅康遍布全国的网络布局恰好成为梦巢互联网科技产品推广的最佳渠道。

"青山湖宜居、宜业、宜投资，来了俺就不想走"

在下午双方交流活动中，常务副理事长王童首先发言，以专业投资人和国际化的视角畅谈了天使投资和天使百人会与青山湖合作的未来。

天使百人会以委员会为单位开展了自我介绍。首先上场的是智能制造专家委副主任、原世界 500 强约翰迪尔中国区董事长兼总裁、德载厚资本创始合伙人刘镜辉。

他首先介绍了自己的职业生涯和转型，然后分享了现在回归投资汽车领域，专注于车载装备转型升级，德载厚资本一期规模达到 50 亿元。而青山湖科技城产业规划中就有智能网联车，双方就该领域技术路径、投资机遇和造车"新势力"等进行了热烈的探讨。

天使百人会 TMT 专家委主任、享受国务院政府特殊津贴、浙江大学学士李志胜则表达了回归母校故里的心愿，对当地优惠政策格外关注，而青山湖自然希望能与其再续前缘。

天使百人会 AI 投资委委员、北京国科融盛科技集团有限公司总经理王宇宁则推介了由旅居日本的华裔科学家姚其槐先生创办，志在打造中国石油装备的原创"动力芯片"星旋科技项目。

听闻至此，青山湖科技城管委会商务局副局长戴志红的眼睛都亮啦！

天使百人会医疗大健康投资委副主任、天域金源投资董事长李雨龙则分享了自己的投资策略——围绕口腔健康。该委委员、金坛资本创始合伙人黄华伟则介绍了自己一二级市场分层投资的特点。

青山湖看重高端医疗器械，希望与天使百人会医疗大健康投资委建立直接对接通道，帮助当地打造该产业板块。

天使百人会大健康专家委副主任、北京好乐士健康顾问总裁陈冬牛现场教授大家搓手一分钟，严肃的现场一下变成欢笑的课堂。该委委员、贯景食品董事长胡冰介绍说，公司致力于生产零添加的健康食品。

同时，陈冬牛和胡冰两位大健康专家都对青山湖的生态环境赞不绝口。"如果说其他地方是来了还想再来，那么青山湖则是来了就不想走。"第二天他们还特意前去考察了天目山。

"阿里是纯粹的互联网企业吗？
华为是纯粹的硬科技制造企业吗？"

天使百人会发起人、浙江大学学士、云创共享（简称"云悦"）董事长陈沛最后收官发言。

作为云计算、区块链的技术大拿，他要将云悦打造成企业的移动共享生态平台。天使百人会常务理事、云创共享董事长陈沛先生发言，但他也有疑惑，"像云悦这样的软件企业，青山湖是否欢迎呢？"杭州市临安区委常委、青山湖科技城党工委书记蔡萌给予回应。

蔡萌说：“未来的产业发展绝对不能以软硬来衡量，没有绝对‘软’的企业，也没有绝对‘硬’的企业。阿里巴巴是纯粹的互联网企业吗？华为是纯粹的科技制造企业吗？

“今后的制造业都是‘新’制造，是服务业与制造业的融合，‘软’和‘硬’的边界会越来越模糊。但凡是好的企业，一定是软硬融合发展，只不过是偏硬还是偏软而已。只要是为科技赋能，我们都欢迎。”

“青山湖科技城要做人工智能时代的‘华强北’”

杭州市临安区区委常委、青山湖科技城党工委书记蔡萌总结发言

谈到青山湖的招商引资，蔡萌强调了差异化，提出三点：

第一，我们不要貌合神离的物理集聚，而要血肉相连的化学融合。

传统招商引资都是批地模式，张总来批50亩地，李总来批100亩地，企业与企业之间没有有机联系。

过去叫工业园区，现在则是产业社区。我们要打造一个有机联系的产业链生态圈。这也是落实习近平总书记提出的要构建"国内大循环为主，国内国外双循环"的指示。

第二，我们要做人工智能时代的"华强北"。

很多新产业还是叫好不叫座。譬如智能网联车，虽然大势所趋，但目前应用场景还是少得可怜，但我们首先要活下来，所以从零部件做起。如果做整车，其风险太高，投入也太大。

"我希望把青山湖科技城做成人工智能时代的'华强北'。只要你做智能网联车或机器人，到青山湖后核心零部件都能一站采购。所以，我更希望招到做核心零部件的企业，如传感器、控制器、变频器等。

"通过抓垂直、抓头部、抓核心关键零部件，来构建青山湖产业生态圈。"

第三，我们愿意给创业者更多试错的机会。

别的地方给创业者 1 次机会，青山湖可以给 2 次。

"我负责阳光雨露，你负责茁壮成长。"这是一般地方政府给创业者很温情的口号。但青山湖则很"另类"。蔡萌指出，"我们要带着怀疑的眼光，坚定不移地支持"。

"对待创业创新，政府不能急功近利。我们需要有情怀的政府，有耐心的资本，但前提是我们更需要有责任心的企业家。"

雄安新区管委会副主任傅首清畅谈：雄安新区"新"在哪

雄安新区建设到底是快还是慢？

一张蓝图干到底，这张蓝图在哪里？

雄安新区访客必到的打卡地在哪？

那个惊艳世界的千台塔吊短视频如何出炉的？

为什么说雄安新区共有 3 座城？

为什么是"我来雄安了"，而不是"雄安我来了"？

继深圳特区、浦东新区后，2017 年横空出世的雄安新区吸引了全世界的目光，也吸引了全世界的关注。

傅首清在天使百人会走进雄安活动中推介雄安

2020 年 12 月 8 日下午，在"天使百人会走进雄安活动"座谈会上，雄安新区党工委委员、管委会副主任傅首清——释疑解惑，从"慢""热""美"等多维度畅谈这座未来之城的大美未来。来雄安，你就对了！

雄安新区的颠覆式创新

2017 年 4 月，中共中央、国务院宣布设立河北雄安新区。但此后几年，似乎只听楼梯响，不见人下来。有人觉得，雄安新区建设好像有点"慢"。为什么？傅首清释疑道，规划编制的慢是为了以后开工建设的快，慢就是快。

我们牢记习近平总书记的嘱托，"把每一寸土地都规划得清清楚楚后，再开工建设，不要留历史遗憾。"雄安新区集全球之力，要在这张白纸上画出最新、最美的城市画卷，为人类城市建设探索一条城乡融合、中西合璧、古今交融的和谐新路。

他说了三组数字，第一是"3"，第二是"1+4+26"，第三是"200+1000+2500"。这在全国特区、新区、城区建设中都史无前例，是颠覆式创新。

第一个"3"。自 2017 年 4 月发布以来，雄安新区启动顶层设计，到 2019 年全部完成，用时不到 3 年。

第二个"1+4+26"，共有 31 张蓝图勾画了这座未来之城。"1"指《河北雄安新区规划纲要》；"4"是《河北雄安新区总体规划（2018—2035）》《白洋淀生态环境治理和保护规划（2018—2035）》《河北雄安新区起步区控制性规划》《河北雄安新区启动区控制性详细规划》。"26"则是指专项规划，包括创新、产业、防洪等方面。

这 31 张蓝图，从 1 到 4 到 26，则是梯度延展，就好比是国画，从写意山水到工笔细描，逐笔细化，精美绝伦。

第三个"200+1000+2500"，共有 200 多个国内外团队、1000 多名国内外专家和 2500 多名专业技术人员参与规划编制，体现了"世界眼光、国际标准、中国特色、高点定位"。

2018 年启动雄安新区设计工作招标，面向全球，层层选拔。首先从 213 家全球著名规划设计团队遴选 12 家，再从 12 家中选 3 家，最终 1 家胜出。这 12 家设计团队囊括了中国、美国、英国、德国、法国等 10 个国家全球最顶尖的设计机构和设计大师，呈现了国际一流的设计成果。

雄安新区塔吊林立，成了全世界最大的建设工地

傅首清开局即说，2020 年是不平凡的一年。前两天美国《时代周刊》年终封面，主体是打着叉的"2020"，注脚是"历史上最坏的一年（THE WORST YEAR EVER）"。

傅首清说："在全球，中国是一道不同的风景线。"我国取得了新型冠状病毒肺炎疫情防控阻击战和经济社会发展双胜利。海关总署刚刚发布，11 月份，我国出口 2680.7 亿美元，同比增长 21.1%，创 40 年新高，被称为"史诗级大逆转"。有外媒称，在全球疫情肆虐的灰色阴霾下，中国创纪录的出口增速带来了一丝亮色与希望。

傅首清说："在中国，雄安是一道亮丽的风景线。"他解释道，容东安置房建设有个关门期限。

我们向雄安当地老百姓承诺，2021 年 6 月 30 日交新房钥匙，首批回迁群众拎包入住，建设周期一年半。

面对关门期限，我们每天都在倒计时。按照规划，2020 年开始大规模开发建设，却遭遇新型冠状病毒肺炎疫情。当时，疫情暴发，未来无法预料。

傅首清说："大家想想这多难啊！一方面严控疫情；另一方面，又要全面开工。"2 月下旬逐步开工，4 月 30 日全面开工，到 6 月份，基本达到 10 万人，

现在有十几万人的建设队伍。

雄安新区已经成为中国乃至世界最大的建设工地，1500多个塔吊正在夜以继日地工作。诚如原河北省委副书记、雄安新区党工委书记、管委会主任陈刚在2020年全国"两会"答记者问时所说，"塔吊林立，热火朝天"。

在漆黑的夜空中，1500多个塔吊灯光，五彩缤纷，分外妖娆。或许夜景触发了摄制者，顺手一拍，发到网上，一下火了。这个短视频刷爆全网、惊艳世界，已然成为雄安新区成长的一个美丽印记。

雄安新区的白洋淀风景不亚于北欧湿地

天使百人会雄安参访团在白洋淀

很多城市都择水而建，比如上海有黄浦江，伦敦有泰晤士河，纽约有哈德逊河。雄安新区也有"华北之肾"——白洋淀。

傅首清说："雄安因淀而生，因淀而长，没有白洋淀就不会有雄安新区。我们建设雄安新区不能废淀，不能让这颗华北明珠蒙尘，而要让她更加璀璨。如何实现这个目标？党中央、国务院高度重视，总书记专门到白洋淀来视察。与我分管的其他工作相比，白洋淀湿地治理任务最艰巨。"

我们要实现"城淀"共生、"城淀"共长，白洋淀主要面临三大难题：

一是水量偏少，需要补水修复生态。

二是上下游分支需要全流域治理。白洋淀有 143 个淀，3700 多条勾勾叉叉，每条支流都有上下游，有些还需要跨省协调，像唐河源头在山西，下游经天津入海。

三是淀内居有 10 万人口。"太湖里面有人吗？没有；滇池里面也没有；白洋淀却有十万老百姓住在那。怎样既保障他们的生活生存，又保障水体质量呢？这其实是个非常严峻的挑战。"

白洋淀 360 平方公里的水域，短短不到 4 年，水质从劣 5 类到 5 类，到 4 类，再到 3 类，这一年一个台阶的背后是每年的巨资投入。这不仅体现了中央和河北省委的决心，也体现了雄安新区保护生态环境的坚强意志。"我有几次曾坐船到王家寨，夕阳西下，那沿途美景不逊于北欧湿地。"

天使百人会来雄安了，我们要做雄安人

雄安新区是一座"聪明"的城市，不仅地下一座城（城市管廊），地上一座城，还有云端一座城（云服务）。从这个意义上说，雄安新区共有 3 座城。

2020 年 12 月 8 日上午，天使百人会一行参观了安置样板房、市民商务中心和市民服务中心。最让人难忘的是，雄安新区城市规划馆，则是访客必到的打卡地。

短短几分钟的雄安新区宣传片，硕大的 L 形屏幕，天地一体，一幅幅蓝绿交织的生态画面，一幢幢中西交融的雅致建筑，一辆辆智慧行驶的城市公交，震人心魄，让人心驰神往。

傅首清说："入城处有个欢迎牌，'我来雄安了'，为什么不是'雄安，我来了'？就是为了突出雄安新区的认同感，咱们来到新区就是雄安人，就是雄安建设的主人翁。"

此次天使百人会走进雄安活动，原本邀请本会合投的独角兽无人驾驶项目——北京智行者科技同行，但该公司董事长张德兆说："我们随百度已走进雄安啦！"

原来自天使百人会 2015 年天使合投"智行者"后，百度、京东、顺为等多家知名投资机构后续都相继进入。百度发力占领中国智慧交通的科技高地，智行者是其无人驾驶的重要板块，所以，助力雄安新区当仁不让。

此次天使百人会走进雄安活动，乔迁理事长亲率 50 多位天使投资人会员考察交流。傅首清副主任与乔迁理事长共同回忆了彼此的渊源。

天使百人会是坐落在中关村的天使投资组织，雄安新区的建设者们相当部分也来自中关村，我们带着中关村科创基因和天使资本走进雄安，充分表达我们对这座未来之城最美好的希冀、最坚定的支持和最积极的参与。

活动小记

2020 年 12 月 7 日，"天使百人会走进雄安活动"正式开启，乔迁理事长亲率 50 多位天使投资人从中关村来到雄安新区。

第一天，到天使百人会雄安发展中心筹备组负责人、本会智能制造专家委委员、雄安康迪集团董事长昝贺伏的公司参访；当天下午，本会委派 3 位天使投资"大咖"：常务副理事长、大河资本创始合伙人王童，天使百人会投资学院课程委主任、云石资本创始合伙人郭旭升和天使百人会 TMT 投资委主任、创势资本董事长汤旭东分别给雄安新区三地创业者授课。

第二天上午，我们参观雄安新区安置样板房、市民商务中心和城市规划馆，下午与雄安新区管委会、管委会公共服务局和雄安新区科企联座谈近 5 小时。此次活动非常圆满和成功，特写此文存记。

天使百人会参访团在雄安新区千台塔吊工地前合影

小贴士

Q：我想参与雄安建设，怎么做？

S：大家可以关注"雄安发布""中国雄安官网""雄安新区公共资源交易服务平台"，所有的招投标信息和所有的工程项目政府采购信息都在上面，每天都会推出十几个招投标项目信息，欢迎国内外人士共同参与建设这座未来之城。

天使百人会是个大家庭

2019年会乔迁理事长发表庆典致辞

"天使百人会2019年会暨7周年庆典"合影

乔迁：我们为什么要取名为"天使百人会"

天使百人会发起人，天使百人会理事长，健坤慈善基金会理事长，中桥资本董事长，北京银河金桥投资有限公司创始人，中欧国际工商学院 EMBA。

站在"天使百人会 2019 年会暨 7 周年庆典"这喜庆的舞台上，让我回想起天使百人会的由来：2013 年，杨勇找我商议创办一个天使投资组织，定位以企业家为主体会员，以中关村为根据地，天使投资为共同爱好。

我们取名为"天使百人会"而不是千人会、万人会，是想强调精品办会，新人入会首先需要会员推荐，其次需要观察磨合一段时间，还需要常务理事会表决。我们举办活动通常采取小范围多频次。建立这些共识后，由我担当创始理事长，杨勇担当创始秘书长，分头感召了另外 11 位企业家朋友共同发起，创建了中国第一家天使投资组织——天使百人会。

谭左亭担当监事长，她综合各位发起人的建议，提出了天使百人会的初心："汇聚百人智慧，成就创业梦想！"

创办之初，我们聚焦打磨"周五主题饭局"活动，以便会员彼此结识了解，现在已经演变为迎新晚宴、星座庆生宴以及走访会员企业活动。

胡雪琴于 2014 年全职加盟了我们天使百人会，在 2015 年正式接任秘书长后，推动天使百人会升级为一级社团组织，13 位发起人共同捐资 100 万元注册成立。

她每年都用心记录下我们天使百人会的各项活动，出版了"天使百人会成长印记"系列丛书，弘扬传播天使投资文化。她全身心地投入天使百人会，像爱自己的孩子一样地爱着天使百人会，每位会员有目共睹，得到大家的高度认可，是我们天使百人会不可多得的秘书长。

2014 年，在曲敬东提议下，推出了投资沙龙和项目路演合投活动，现已经成为我们天使投资学院主打活动，并且他勇挑重担，出任创始院长。

2016 年，肖庆平率先提议天使百人会做种子基金，并设计出落地草案，用种子基金的领投带动我们项目路演合投。他也是我所知道的把天使百人会作为唯一名片的会员。

我常常在想，我乔迁何德何能创立这个组织？正是其余 12 位发起人不离不弃地扶持帮衬，正是上百位志同道合的认证会员热心地支持参与，正是我们600 多位会员不忘初心砥砺奋进，才会成就今天值得荣耀的天使百人会。

现在请允许我念到这些发起人的名字：

杨　勇　谭左亭　曲敬东　肖庆平　陈　沛

周　青　周代春　常　涛　沈康麒　王　童

请你们站起身来，接受我的鞠躬致谢，接受我们年会现场 200 多位会员和朋友的掌声致敬！

天使百人会捐赠无人驾驶车"蜗小白"开赴火神山

与 2003 年的非典相比，2019 年爆发的新型冠状病毒之烈有过之而无不及。截至 2020 年 2 月 20 日，已确诊 74284 例，3000 多位医护人员被感染；有"95 后"护士说："如遭不幸，愿捐献遗体以便研究攻克病毒。"

举国之力抗击疫情，天使百人会不能无动于衷。但苦于找不到合适的途径，直到本会合投企业智行者官微发布——捐赠清扫消毒无人驾驶车"蜗小白"给武汉，于是，本会常务理事会发起倡议，家人们纷纷参与募资购买"蜗小白"支援火神山。

在此之前，本会家人林菁的公司就行动起来了，同时刘小鹰带领投资企业也行动起来了，李效华的公司送了干粮，处于困难中的周保成的公司还捐了现金。

在天使百人会发布募资信息后，周青率先响应。在 2019 年年会时，他还赠送了朗诗民宿入住券。朗诗投资 3000 万元做民宿，就等开年开工，但熟料新型冠状病毒横刀杀出，一天没客人入住，他就一天心焦如焚。尽管如此，但他仍然参与捐赠。

本会合投企业"智行者"董事长、清华大学博士张德兆，大年初二就把在京员工全部召回工作，"国家兴亡，匹夫有责。我们不能仅仅在朋友圈点点赞，而要起而行之。"

当我们在认证群发起募捐时，刘湛清第一个响应，张杰、李志胜、杨建奎远在大洋彼岸参加了捐赠，在宁波的闻继望也参加了捐赠。

前面连续 17 位认证会员都各捐了 1 万元，而王文庆则捐了 3 万元；张文良的小女儿把压岁钱都给了爸爸参与捐赠……这些点点滴滴温暖着天使百人会的心，也温暖着武汉的心，温暖着中国的心。

天使百人会共募资 78 万元，以智行者给予天使百人会的特惠价购买了"蜗小白"，通过健坤慈善基金会捐赠火神山医院。实际上，这也是天使百人会、健坤慈善基金会和智行者三家携手支持抗疫。

在打赢抗疫战的路上，武汉并不孤单，有天使百人会同行，有全国人民同在。

无人驾驶清扫消毒车"蜗小白"奔赴"火神山"

当天使投资人遇见天使百人会

李雨龙　　　　　　　　　马春敏

疫情下，人人都戴着口罩出行。

但疫情也挡不住春天的到来，我们要讲的是两位天使投资人遇见天使百人会的春天的故事。

一位律师何以能出任天使百人会投资委负责人？

2020 年 3 月 22 日，天使百人会认证群迎来一位新人——欢乐口腔医疗集团董事长马春敏。

3 月 23 日，我们又宣布了一则消息——天使百人会医疗大健康投资委增补 3 位副主任。

该委员会 3 位委员经天使百人会重构委员会和天使百人会医疗大健康投资委主任办公会联名推荐，后经审核通过，出任本会医疗大健康投资委副主任。大成律师事务所高级合伙人李雨龙律师就是其中一位。

一位非专业人士出任本会投资委负责人，这在天使百人会首开先河。为什么？

原来他是一位律师出身的天使投资人。

李雨龙是一位非诉律师，从事与经济相关的法律事务，如国企改制、投资并购等，有着 20 多年律师工作经历。

但他从 2010 年起，拥有长达 10 年的投资经历。不仅出任了 5 家基金 LP，还先后直投了 20 多个天使、VC 医疗大健康项目，包括国内最大的体检连锁机构美年健康、北京最大的口腔连锁项目欢乐口腔和儿科互联网医疗项目小苹果等。可见，李雨龙律师在主业之外，成功开辟了天使投资人的第二战场。

而今，他把这种成功经验也带给了天使百人会。因为他把自己天使投资的成功创业者马春敏先生也成功引入到天使百人会。

李律师遇见马医生的缘起

最开始，李雨龙律师到马春敏医生的欢乐口腔诊所看牙。交往中，彼此建立了信任，直至李律师出手投资了欢乐口腔。从医患关系变成亲密的投创关系——天使投资人和创业者。

在李雨龙的一路呵护下，欢乐口腔茁壮成长。马春敏从马医生到马主任再到马院长直至马董事长，也一路完成蜕变。

马春敏 2007 年创办欢乐口腔，2015 年收购高端口腔连锁机构固瑞齿科，形成双品牌运营。

欢乐口腔现已布局全国十多个城市，拥有 8 家口腔医院和 80 家口腔连锁机构，年营收数亿元，年利润数千万元，成为全国首屈一指的大型口腔连锁集团，现在正大踏步向资本市场挺进。

或许在李雨龙的影响下，马春敏也热爱投资。他先后参与了多家医疗领域项目的天使轮、B 轮和 C 轮投资。

就其个人经历来说，马春敏毕业于第四军医大学，从公立医院辞职创业，终获成功。回望来路，他深感有很多"大牛医生"也想出来创业，却束手无策，就像当年迷茫的自己。

为了让更多想创业的医生少走弯路，他创办了专门针对医生的创业培训。看到投缘的学生，他就出手投资，创业导师就变成了天使投资人。

天使百人会认证群第一例：
天使投资人和自己投资的创业者一同加入

李雨龙乐见马春敏的成长、成功。2020 年 1 月，经学长张冬贵推荐，李雨龙加入了天使百人会认证群。

短短 2 个月，他被天使百人会所吸引，于是，他又推荐马春敏加入。出于对自己天使投资人的信任，马春敏也走进了本会认证群的大门。这成为天使百人会的第一个天使投资人和自己投资的创业者一同加入的例子。

天使百人会认证群第一例夫妇档：蔡华女士和先生侯清富博士

同样还是天使百人会医疗大健康投资委。该委副主任、中信医疗基金总经理蔡华女士是第一位将自己的先生、通信领域"大咖"、双博士侯清富先生引进了天使百人会认证群，成为本会认证群第一对夫妻档。

而李雨龙先生和马春敏先生又是第一对天使投资人和创业者。蔡华女士和李雨龙先生都为天使百人会创造了历史，也为自己创造了历史。

现在，新型冠状病毒肺炎疫情正在全球肆掠，人们难免心情灰暗，但有着诸多如李雨龙、蔡华等会员的天使百人会正是灰暗中的那束光，引领未来，温暖未来，照亮未来。

50 期 50 人

2019 年 11 月 26 日，又是一个周二，即天使百人会活动的日子。

当天，我们迎来了第 50 期项目路演合投活动，也迎来了第 1 期天使百人会企业家认证会员产品服务展示会。

第 50 期活动，意味着天使百人会项目路演合投走过了 5 周年。

第 1 期活动，意味着天使百人会又打开了崭新的一页。

室外冬日寒气逼人，室内温暖如春。天使百人会偌大的会议室济济一堂，有近 50 位天使投资人前来参加活动。有人赞道："天使百人会是逆势上行。"

天使百人会为什么能"逆周期上行"

因为发心纯正，始终如一。

第 1 期天使百人会项目路演合投活动始于 2015 年，当年的决策层认为既然我们做天使投资人的孵化器，就需要从理论和实践两方面来学习天使投资，于是，委托两位发起投资人牵头负责，牛继红女士和曲敬东先生共同创办了"投资沙龙"和"项目路演合投活动"。

天使百人会项目路演合投活动固定在每月最后一个周二下午主办。除了春节，一月一期，每年 10 期，50 期用了 5 年。

最好的项目却在 2015 年投成，这就是无人驾驶的智行者项目，创始人为清华博士张德兆先生。2015 年，天使百人会合投时，智行者估值为 1666 万元，而今已达数十亿元，成长为独角兽。该项目后续被百度、京东等诸多知名机构投资。曾经作为百度无人驾驶方队一部分，智行者参加了央视春晚的表演。

五年来，创业者也在成长成熟。张德兆博士已经步入创业导师行列，从讲台下走到了讲台上——这就是看得见的成长。

天使百人会拥有投资"硬科技"的基因

"硬科技"是近年来，特别是中美贸易摩擦、科创板面世以来，才备受关注的，但天使百人会作为一家中关村天使投资的社团，发起人主要为中关村企业家，自带"硬科技"基因。

自 2015 年起，天使百人会共投资了近 30 个项目，投资金额过亿元。"硬科技"企业比比皆是，有区块链、人工智能、激光芯片和生物医疗、在线教育等。

智行者项目创始人张德兆博士说："无人驾驶就是一片不断升级的江湖。"在全球自动驾驶技术发明专利的排行榜上，智行者国内排名傲居第三，前两位分别是百度、华为；全球排名则位列 TOP30。

本会合投的 GLF 是来自美国硅谷的电池能源管理项目。创始人是来自世界半导体行业的鼻祖美国仙童公司。2019 年，他们拿到了中国移动 3500 万元的采购大单，完成了 2450 万元的融资。

其创业团队汇聚了美国人、中国人、韩国人等多国科研人员；创业这么多年来，创始人从未拿过工资。为了发工资，她曾经抵押住房。一位女性创业者的包容、韧性和自律展现得淋漓尽致。

而今较热的区块链技术，天使百人会早年就投资了金股链，实现了区块链的政务应用。在湖南娄底，他们打造了不动产区块链信息共享平台，实现了政务数据的跨部门、跨层级和跨领域的共享应用。该公司不仅迎来了湖南省委书记的实地考察，还被央视宣传报道了。

大赛的金奖项目来到天使百人会

在第 50 期天使百人会项目路演合投现场，共有 3 个项目走上了平台路演。

第一个为在线考试学习云平台项目，通过 SAAS 软件的移动互联网技术和体验，不仅变革传统考试，而且帮助蓝领员工利用碎片化时间学习。

该项目拥有多个全国第一，功能全面性第一，客户量第一，品牌知名度第一等。

目前，该项目拥有 36 家世界 500 强企业客户，1400 家付费企业客户。核心创业团队分别来自清华大学、北京大学、北京航空航天大学和南京大学。

第二个则是一个"超硬"项目——超硬材料刀具。

该项目为中国第五届"互联网+"大学生创新创业大赛的金奖项目，由其指导导师、本会常务理事、高校投资委员会主任、乾丰基金合伙人周洛宏先生提交给天使百人会。

"没有金刚钻，别揽瓷器活"，他们专做金刚钻，削铁如泥。超硬材料刀具俗称工业的牙齿，高铁、飞机、航母都离不开它。国内主要依靠进口，他们要将中国制造武装到牙齿，实现替代进口。

在全球范围内，他们与国际一流企业直接竞争，立志要成为"世界一流的新一代超高精密超硬刀具提供商"。

对标日本住友，是国内唯一实现"五位一体"的超硬刀具企业。在加工玉柴船电发动机上，与世界一流刀具制造商瓦尔特相比，每片刀片使用寿命提升 7 倍，价格则降了一半。

第三个则是一个大数据的"软项目"，是一站式企业消费者数据体验平台。

他们要打造刚性与黏性强度俱佳的数据云＋营销云的数据平台。通过全渠道数据源接入，建立消费者唯一的 ID，智能分析模型和多场景数据服务来满足个性化需求，并形成解决方案。

该项目拥有国内为数不多的经过市场验证的数字化营销解决方案，2019年 10 月已经实现盈利。伊利、蒙牛都是它的客户，蓝色光标、科大讯飞和神州数码等则是其股东。

他们是阿里云最高级别的首批飞天生态合作伙伴。就在天使百人会路演当天，原本安排其创始人登台路演，但他临时飞到阿里杭州总部去谈合作了，只好请另一位高管替代。

当前投资人募资难，创业者融资难，但好的投资基金募资并不难，好项目融资也不难。经济下行，胜者为王。谁是最后的胜者？谁是最后的王者？让我们拭目以待。

天使百人会第 50 期项目合投路演活动现场

当一对创业父子兵遇见一对天使投资人父子兵

"这是流体机械领域的颠覆式科技创新，已获得全球 25 项发明专利。"

这么牛？一语惊四座。

这是 2020 年 5 月 14 日，天使百人会认证群，本会 AI 投资委委员、北京国科融盛投资基金公司总经理王宁宁女士在线分享项目"星油科技"。

90 多位认证会员参加，提交 100 多项待分享项目

2020 年，因为新型冠状病毒肺炎疫情，天使百人会发起了三大线上主题活动，即"让大家认识大家""让大家帮助大家""让大家提升大家"。

天使百人会"让大家提升大家"活动，主要由认证会员分享项目。共有 90 多位认证会员报名参加，总共提交了 100 多个待分享项目。

2020 年 5 月 14 日，从王宁宁委员开始，迄今为止，已经做了 30 多场在线项目分享。天使百人会 TMT 投资委、TMT 专家委、AI 投资委已经完成分享，现在智能制造专家委正在分享。

王宁宁委员开始说，项目名称叫"星旋科技"，后来又说"星油科技"。是名称搞错了么？非也，这其实是一个母子项目。

"星旋科技"是母公司，拥有母技术。当这个母技术落到哪个应用场景，就可以创办一家子公司。有多少个应用场景，就可以组建多少个子公司，从而组成星旋大家族。星旋科技第一个落地场景是石油应用，故名为"星油科技"。

"母子技术"背后的"父子创业奇兵"

老姚和小姚

该项目创始人是一位旅居日本的华裔姚其槐先生，其子为姚镇。经过 20 多年的前期探索，旅居日本、先后任职多家日本精密机械公司首席技术官的姚其槐先生有了重大发明，技术核心是用全滚动摩擦代替滑动摩擦，摩擦阻力降低到原来的 1/100。

产品形状类似旋转的星球，故名"星旋"。产品门类包括星旋泵 / 压缩机、星旋气动 / 液压马达、星旋发动机和星旋蒸汽机，这掀起了流体机械的颠覆式创新。

技术牛不牛，专利来说话。迄今为止，星旋科技已经获得 25 项全球授权发明专利（适用于各行业的通用基础专利），包括中国 20 项，美国 2 项，欧洲 2 项，日本 1 项。

而星油科技也已申请 10 项石油行业专用专利，包括 5 项发明专利和 5 项实用新型专利，其中 1 项发明专利刚刚获批。至今累计申请的星旋技术相关专利已达 35 项。

据姚镇介绍，这 35 项专利，其实是在过去他父亲姚其槐老先生携星旋构想回国创业 10 年来，在技术产业化道路上打掉的 35 只拦路虎。每打掉一只，便产生一项专利。10 年奋斗，他们已经搭建好坚实的产品基础及技术壁垒，已初步完成了石油市场的布局。

星油科技在江苏泰州的工厂，2020 年 12 月已首次批量投产。2021 年是全面拓展的第一个产业化年。

天使投资父子兵登场

老乔和小乔

因为王宁宁委员的引荐，星油科技结缘天使百人会。而天使百人会乔迁理事长的大公子小乔，留学加拿大，因为新型冠状病毒肺炎疫情的原因，2020 年年初回国在北京家中暂住，日常就在老乔的投资公司——中桥资本上班。

天使百人会乔迁理事长和节能环保范津涛副主任、TMT 专家委马国华委员准备合投。老乔或许有意锻炼小乔，便安排投资总监林宜贤带着小乔参与星油考察。

于是，天使百人会尽职调查团队由"两老两青"组成，老范、老马带着小林、小乔，开始了尽职调查四人组工作。

从北京总部多次关于核心技术、商业模式、盈利模式、市场资源开拓等多维度交流后，他们又远赴陕西榆林，到中国石化大牛地气田，实地考察首套星旋式混输抽气泵智能撬组运行情况。

天使百人会注重家文化，这次由两位父叔辈指导两位子侄辈。在投资考察星油过程中，两位父叔辈充分感受到子侄辈的朝气与干劲，两位子侄辈也深刻体会到父叔辈的认真与严谨，双方结下了深厚的父子兵情谊。

经过 5 个多月的尽职调查考察，天使百人会终于决定合投。除王宁宁公司将分批注资 1000 万元外，乔氏父子投资 200 万元，范津涛投资 100 万元，马国华投资 50 万元，本轮共合投了 350 万元。这是该会 2020 年合投的第一个项目，也是疫情稳定后第一个投资成果。

2020 年，不仅有新型冠状病毒肺炎疫情的全球肆虐，更有中美两国激烈的博弈。与其说，这是天使百人会合投的一个创新科技项目，不如说，这是两对父子兵在中国科技自主创新的道路上共同完成的一个小小节点。

感谢姚氏父子 10 年创业的不懈奋斗！

感谢乔氏父子等天使百人会天使投资人真金白银的支持！

天使投资是支撑原创科技的第一道基石资本，天使百人会将全力支持更多的创业者向中国的卡脖子技术冲关！

因为相信，所以看见

因为相信真诚，所以看见未来；

因为相信付出，所以看见未来；

因为相信梦想，所以看见未来。

——天使投资投未来！

在"天使百人会 2019 年会暨 7 周年庆典"上，胡雪琴秘书长如此诠释中关村百人会天使投资联盟（简称"天使百人会"）2019 年会的主题。

2020 年 1 月 7 日，北京希尔顿酒店，"天使百人会 2019 年会暨 7 周年庆典"盛大开幕，从中午 2 点 30 分到晚上 11 点 30 分结束，历时 9 小时。参会人员有天使投资人、创业者和知名媒体记者 200 多人。原本只能坐 160 人的大厅济济一堂。

6 个第一说创新

此次年会创下了 6 个第一：

一是中国工程院院士倪光南先生亲自布道，发表主旨演讲"中美贸易摩擦下的中国高科技企业的应对"。

二是中美战略研究院总裁、前美国花旗集团高管谭伟东先生发表"中美两国关系的未来"的演讲。

三是天使百人会秘书长胡雪琴女士主办了《小康中国发展口述史——我对中国有信心》（中文版和英文版）新书发布会。

四是天使百人会年会上首次主办圆桌论坛，主题为"逆周期下的天使投资"。

五是天使百人会原创话剧连续剧《天使茶馆》第 3 幕创新为电视小剧播出。

六是第一次将年会赞助物品拍卖款部分捐赠内蒙古科右前旗巴日嘎斯台乡。

中国天使投资界第一次提出重大命题

"当前经济下行，大家步履维艰，但在天使百人会今天的年会现场，我丝毫没有感受到资本的寒冬，而是融融春意，让我们首先为天使百人会的健康成长鼓掌。"在"天使百人会 2019 年会暨 7 周年庆典"的圆桌论坛上，主持人、天使百人会常务理事、云悦共创股份董事长陈沛如是说。

天使百人会年会以其满满的干货而著称。原本安排了 30 分钟的圆桌论坛，天使百人会 5 位专业投资人登台亮相。但因为时间不够，主持人压缩到了仅仅 2 个问题。

结果，大家思想火花迸发，在国内天使投资界第一次提出了重大命题："天使投资机构化是不是伪命题？"

中美贸易摩擦对中国高科技企业影响正面大于负面

来自芝加哥的中美战略研究院总裁、原美国花旗集团高管、经济学家谭伟东先生发表"中美两国关系的未来"的主旨演讲。

原本按计划 10 分钟，倒计时 1 分钟时主持人提示结束，但遭到现场参会人员的一致反对。

年会现场成了学习课堂，每个人都在仔细聆听来自西方一线的声音。

在得知倪光南院士也出席天使百人会年会时，谭伟东院长两眼放光，"我喜欢他，我们研究院都喜欢他。"其实，中国人民都喜欢他，都景仰他。

经过 40 多年的改革开放，中国人似乎富起来，有部分人也自满起来了。但中美贸易摩擦终于让我们清醒，原来两国的高科技差距还是如此之大，于是，倪光南院士多年的奔走呼号被看见；他多年"中国人要掌握自主可控的核心技术"的鼓与呼终于被听见。

天使百人会年会现场，倪光南院士发表"中美贸易摩擦下的中国高科技企业的应对"的主旨演讲。倪院士指出，中美贸易摩擦虽然近期会给中国高科技企业发展带来重创，但倒逼机制反而让我们浴火重生，长期来看，正面大于负面。

反侵权盗版声明

电子工业出版社依法对本作品享有专有出版权。任何未经权利人书面许可，复制、销售或通过信息网络传播本作品的行为；歪曲、篡改、剽窃本作品的行为，均违反《中华人民共和国著作权法》，其行为人应承担相应的民事责任和行政责任，构成犯罪的，将被依法追究刑事责任。

为了维护市场秩序，保护权利人的合法权益，我社将依法查处和打击侵权盗版的单位和个人。欢迎社会各界人士积极举报侵权盗版行为，本社将奖励举报有功人员，并保证举报人的信息不被泄露。

举报电话：（010）88254396；（010）88258888

传　　真：（010）88254397

E-mail：　dbqq@phei.com.cn

通信地址：北京市万寿路 173 信箱

　　　　　电子工业出版社总编办公室

邮　　编：100036